PORÇÕES DE PAZ PARA CORAÇÕES ANSIOSOS

MAX LUCADO

Do mesmo autor de *O fim da ansiedade*

PORÇÕES DE PAZ PARA CORAÇÕES ANSIOSOS

UMA JORNADA DEVOCIONAL DE 90 DIAS

Copyright © 2022 por Max Lucado. Todos os direitos reservados.

Título original: Calm Moments for Anxious Days

Todos os direitos desta publicação são reservados à Vida Melhor Editora Ltda. Nenhuma parte desta obra pode ser apropriada e estocada em sistema de banco de dados ou processo similar, em qualquer forma ou meio, seja eletrônico, de fotocópia, gravação etc., sem a permissão dos detentores do copyright.

As citações bíblicas são da *Nova Versão Internacional (NVI)*, salvo indicação contrária.

Tradutor	Vanderlei Ortigoza
Copidesque	Bruna Cavalieri
Revisão	Emanuelle Malecka
Design de capa	Rafael Brum
Diagramação	Patrícia Lino

Dados Internacionais de Catalogação na Publicação (CIP)
(BENITEZ Catalogação Ass. Editorial, MS, Brasil)

L965p
  1. ed. Lucado, Max
       Porções de paz para corações ansiosos / Max Lucado ; tradução Vanderlei Ortigoza. – 1.ed. – Rio de Janeiro : Thomas Nelson Brasil, 2024.

       208 p.; 13,5 x 20,8 cm.

       Título original: Calm moments for anxious days.
       ISBN 978-65-5217-191-7

       Ansiedade – Aspectos religiosos – Cristianismo.
  2. Cristianismo – Essência, natureza e etc. 3. Fé.
  4. Literatura devocional. 5. Vida espiritual.

       I. Ortigoza, Vanderlei. II. Título.

11-2024/79   CDD 248.86

Índice para catálogo sistemático:
Ansiedade : Aspectos religiosos : Cristianismo   248.86

Bibliotecária responsável:
Aline Graziele Benitez – Bibliotecária - CRB-1/3129

Os pontos de vista desta obra são de responsabilidade de seus autores e colaboradores diretos, não refletindo necessariamente a posição da Thomas Nelson Brasil, da HarperCollins Christian Publishing ou de suas equipes editoriais.

Thomas Nelson Brasil é uma marca licenciada à Vida Melhor Editora LTDA. Todos os direitos reservados à Vida Melhor Editora LTDA.

Rua da Quitanda, 86, sala 601A - Centro,
Rio de Janeiro/RJ - CEP 20091-005
Tel.: (21) 3175-1030
www.thomasnelson.com.br

Sumário

Dia 1 – Liberto...10
Dia 2 – O Senhor está comigo 12
Dia 3 – Acredite que ele é capaz 14
Dia 4 – "Aqui tem Deus"....................................16
Dia 5 – Deus é justo 18
Dia 6 – Preste atenção em Deus 20
Dia 7 – Ele salva 22
Dia 8 – Preencha seu dia com Jesus......................24
Dia 9 – Volte-se para o Pai..................................26
Dia 10 – Ele está escrevendo sua história...............28
Dia 11 – As orações que ele responde 30
Dia 12 – Deus vê o que não podemos ver...............32
Dia 13 – Definidos pela graça 34
Dia 14 – Um passo de cada vez............................36
Dia 15 – Você é meu..38
Dia 16 – Eu me escondo, mas Deus me busca.................. 40
Dia 17 – Deus supre nossas necessidades diariamente........... 42
Dia 18 – Deus jamais desiste 44
Dia 19 – Cristo é capaz!..................................... 46
Dia 20 – Olhe para Jesus 48

Dia 21 – Orar é simples assim 50
Dia 22 – Perto e engajado................................52
Dia 23 – O caminho da paz...............................54
Dia 24 – Você é necessário 56
Dia 25 – Mudança de estação.............................58
Dia 26 – Ele chama você pelo nome...................... 60
Dia 27 – O amanhã 62
Dia 28 – Oração e paz 64
Dia 29 – Imersos no amor de Deus 66
Dia 30 – Jesus trata nossos medos com seriedade 68
Dia 31 – Ele sabe como você se sente 70
Dia 32 – Olhe para a glória dele 72
Dia 33 – Um novo dia 74
Dia 34 – Você é bom 76
Dia 35 – O caminho 78
Dia 36 – Paz e serenidade................................ 80
Dia 37 – Dentro do alcance 82
Dia 38 – Conheça suas aptidões.......................... 84
Dia 39 – Obra de arte divina 86
Dia 40 – Amor onisciente.................................88
Dia 41 – Palavras de consolo 90
Dia 42 – O grande doador................................92
Dia 43 – Não me sinto em casa 94
Dia 44 – Simplesmente porque você existe....................96
Dia 45 – A esperança está a um olhar de distância..............98
Dia 46 – Na tempestade.................................100
Dia 47 – Sem fim..102
Dia 48 – Ali o encontramos 104
Dia 49 – Não se deixe enganar pelo nevoeiro 106
Dia 50 – Para almas sedentas 108
Dia 51 – Derrube seu gigante 110
Dia 52 – Selados e protegidos............................112

Dia 53 – Um ponto de vista diferente........................114
Dia 54 – Hábito diário..................................116
Dia 55 – No meio da tempestade ele diz "eu sou".............118
Dia 56 – Em seu amor eu vivo............................120
Dia 57 – Sem combustível................................122
Dia 58 – Uma nova chance................................124
Dia 59 – Que pensamentos você está pensando?...............126
Dia 60 – Debaixo de suas asas............................128
Dia 61 – Viva o dia de hoje...............................130
Dia 62 – O Espírito suplica a nosso favor....................132
Dia 63 – Guardando os bons momentos.....................134
Dia 64 – Tudo acabará bem...............................136
Dia 65 – Jesus sabe......................................138
Dia 66 – O primeiro passo................................140
Dia 67 – Espírito de medo................................142
Dia 68 – O Cristo de segunda-feira........................144
Dia 69 – Amor que nunca falha...........................146
Dia 70 – Quando as preocupações sussurram em seu ouvido.....148
Dia 71 – Acalme-se e descanse............................150
Dia 72 – Panela de oração................................152
Dia 73 – Ideia dele......................................154
Dia 74 – O que fazer com as preocupações...................156
Dia 75 – O convite de Jesus...............................158
Dia 76 – Uma nova compreensão..........................160
Dia 77 – Próximo como nunca antes........................162
Dia 78 – Estratégias para não se preocupar..................164
Dia 79 – Deus tem poder.................................166
Dia 80 – Lançando fora o medo...........................168
Dia 81 – Confie na bondade de Deus........................170
Dia 82 – Alma sedenta...................................172
Dia 83 – Não é possível perder o amor dele..................174
Dia 84 – Uma mão forte para segurar......................176

Dia 85 – Uma vida sem preocupações 178
Dia 86 – A graça dele é maior. 180
Dia 84 – Um caminho pessoal 182
Dia 88 – Mais parecido com ele 184
Dia 89 – Livre-se de seus fardos 186
Dia 90 – Motivos para dançar 188

Guia rápido de promessas bíblicas. 191
Notas. 207
Sobre o autor 208

"Que o coração de vocês não se perturbe [...]"

João 14:1

DIA 1

Liberto

O Senhor é a minha luz e a minha salvação; a quem temerei?
O Senhor é o meu forte refúgio; de quem terei medo?
Salmos 27:1

Parece que o medo alugou a casa ao lado por cem anos e ali se instalou. Corpulento e mal-educado, o medo doentio não permite que a felicidade entre no coração. E a felicidade obedece e se retira. Ora, alguma vez você viu medo e felicidade de mãos dadas? É possível ser feliz e ao mesmo tempo viver com medo? Pensar com clareza e viver apreensivo? Confiante e medroso? Misericordioso e temeroso? Não. O medo é igual a um valentão de escola: afobado, espalhafatoso, inconveniente. O medo nos joga na prisão e fecha as grades.

Seria ótimo sair dali, não?

Imagine sua vida sem nenhuma angústia. Imagine que sua primeira reação diante de uma ameaça seja recorrer à fé e não ao medo. Se existisse um imã capaz de extrair de seu coração toda farpa de medo, insegurança e dúvida, o que sobraria? Imagine viver um dia, um único dia, sem medo do fracasso, da rejeição e da tragédia. Consegue se imaginar vivendo sem medo? Essa é a possibilidade por trás da pergunta de Jesus: "Por que vocês estão com tanto medo? [...]" (Mateus 8:26).

Um dia inteiro sem medo talvez pareça demais neste momento. Isso é compreensível. Mas que tal tentar por dez minutos? Respire fundo. Pense em algo verdadeiro e amável, ou em alguma coisa engraçada. A partir do momento em que você se permitir receber a dádiva de viver por alguns minutos sem medo, aproveite para preencher sua mente com essas promessas de Deus. E, caso o medo, não a fé, ainda seja sua primeira reação, lembre-se de que você não é o único nessa situação. Mas e se o oposto for verdade? Por meio de Cristo isso é mais que possível: é uma promessa. Sempre que o medo aprisionar você e espantar sua felicidade, tenha em mente:

Meus versículos de esperança

"Deus é a minha salvação; terei confiança e não temerei. O Senhor, sim, o Senhor é a minha força e o meu cântico; ele é a minha salvação!"

Isaías 12:2

_____

_____

_____

Pensamentos de ansiedade que desejo me libertar

_____

_____

_____

Promessa de Deus para mim

O Senhor é minha luz e minha salvação. Ele me conduzirá para fora da prisão do medo.

Minha oração

_____

_____

DIA 2

O Senhor está comigo

[...] *tu estás comigo; a tua vara e o teu cajado me confortam.*
SALMOS 23:4

"Tu estás comigo."

Sim, o Senhor está no céu, governa o universo, assenta sobre as estrelas, habita o abismo e, mesmo assim, está comigo.

O Senhor Deus Criador está comigo. Yahweh está comigo.

"Pois que grande nação", proclamou Moisés, "tem um deus tão próximo de si como o SENHOR, nosso Deus [...]?" (Deuteronômio 4:7, NVT).

Paulo disse: "Ele, de fato, não está longe de cada um de nós" (Atos 17:27b, A21).

E Davi afirmou: "Tu estás comigo."

Em suas andanças por campos, desertos ou em seu palácio, Davi descobriu que Deus falou sério quando disse: "Eu estou com você [...]. Não o deixarei [...]" (Gênesis 28:15).

Não presuma que Deus observa você à distância. Ao contrário, decida ser alguém que se agarra à presença de Deus com as duas mãos: "O SENHOR está comigo, portanto não temerei; o que me podem fazer os simples mortais?" (Salmos 118:6, NVT).

> Quando as preocupações deste mundo nos afligem, é fácil nos esquecermos de que o Senhor está conosco. A pressa e a luta do dia a dia acabam sobrecarregando nossa mente. Nossos pensamentos se enchem de preocupações, nos deixando cansados e ansiosos. Em momentos como esses, lembre-se:

Meus versículos de esperança

"Por isso, não tema, pois estou com você; não tenha medo, pois sou o seu Deus. Eu o fortalecerei e o ajudarei; eu o segurarei com a destra da minha justiça."

Isaías 41:10

_____
_____
_____
_____
_____
_____
_____
_____

Pensamentos de ansiedade que desejo me libertar

_____
_____
_____

Promessa de Deus para mim

O Senhor está comigo, independentemente de como me sinto e da situação que estou enfrentando. O Senhor está sempre comigo.

Minha oração

_____
_____
_____

DIA 3

Acredite que ele é capaz

"Não tenha medo; apenas creia."
MARCOS 5:36

Ter medo não significa ausência de fé. Todos sentem medo. Até Cristo teve medo (Marcos 14:33). Entretanto, não permita que o medo se estabeleça. Chega de o medo roubar seu sorriso, seu bom humor, suas noites de descanso e seus dias ensolarados. Enfrente seus medos com fé.

Faça como meu pai fazia com meu irmão e eu. Nossas férias de verão em família sempre incluíam passeios pelas Montanhas Rochosas do Texas, nos Estados Unidos. Para nós, era como sair do purgatório e entrar no paraíso. Meu pai amava pescar truta à margem das corredeiras. Apesar disso, sabia que era um lugar perigoso e que seus filhos poderiam se machucar. Portanto, logo que chegávamos, saíamos a procura de um local seguro para atravessar o rio. Percorríamos a margem para cima e para baixo até encontrarmos uma fileira de pedras estáveis. Algumas vezes ele até acrescentava uma ou duas pedras para compensar as pernas curtas de meu irmão e eu.

Em seguida, testava o caminho, ciente de que, se as pedras aguentassem o peso dele, sem dúvida aguentariam o nosso. Então, depois de chegar à outra margem, sinalizava para que o seguíssemos.

"Não tenham medo", poderia muito bem ter dito. "Confiem em mim."

Crianças pequenas não precisam de persuasão, mas adultos geralmente precisam. Entre você e Jesus existe algum rio de medo? Atravesse-o para se encontrar com Jesus.

Acredite que Jesus é capaz. Acredite que ele se importa.

Seu caminho parece incerto ou até mesmo assustador? A ilustração a seguir pode ajudar: quando um pai conduz um filho de 4 anos em meio à multidão, toma-o pela mão e diz: "Segure firme." Esse pai não diz: "se vira", "arranje um mapa", "vamos ver se você consegue encontrar o caminho de casa sozinho." Bons pais delegam somente uma responsabilidade a seus filhos: "Segure firme em minha mão." Sempre que o medo ameaçar sua fé, lembre-se:

Meus versículos de esperança

"Tu me cercas, por trás e pela frente, e pões a tua mão sobre mim."

SALMOS 139:5

Pensamentos de ansiedade que desejo me libertar

Promessa de Deus para mim

Não preciso viver com medo, pois Deus cuida de mim.
O Senhor segura minha mão e me conduz até ele em segurança.

Minha oração

DIA 4

"Aqui tem Deus"

"E eu estarei sempre com vocês, até o fim dos tempos."
MATEUS 28:20

Mapas da antiguidade revelam o medo que os marinheiros tinham do oceano. Diante da vastidão de mares inexplorados, era comum os cartógrafos escreverem frases como:

"Aqui tem dragões."

"Aqui tem demônios."

"Aqui tem sirenas."

Em que lugares do mapa de sua vida você leria essas mesmas frases? Sobre as águas desconhecidas da vida adulta ("aqui tem dragões")? Perto do oceano de um lar vazio ("aqui tem demônios")? Ao lado dos mares distantes da morte e do além ("aqui tem sirenas")?

Se esse é o seu caso, console-se com o exemplo de John Franklin, mestre dos mares na época do rei Henrique V. Para ele, como também para muitos navegantes, a vastidão do oceano era um mistério. Entretanto, ao contrário de seus colegas, Franklin era um homem de fé. Todos os mapas que passaram por suas mãos foram transformados em documentos dignos de confiança. Franklin riscou frases como "aqui tem dragões", "aqui tem demônios", "aqui tem sirenas" e ao lado escreveu "aqui tem Deus."

Anote aí: você jamais encontrará um lugar em que Deus não está. Talvez você seja transferido, convocado, substituído ou hospitalizado. Não importa; você jamais encontrará um lugar em que Deus não está. Sublinhe essa verdade em seu coração. Afinal, "estarei sempre com vocês", prometeu Jesus (Mateus 28:20).

Não tenha medo. Simplesmente acredite.

> Algumas vezes nossa jornada nos leva à superação de um desafio. Outras vezes, a caminhos repletos de problemas ou a lugares sombrios do nosso coração. Diante da tentação de escrever "aqui tem dragões" sobre as áreas sombrias de sua vida, escreva "aqui tem Deus" e lembre-se:

Meus versículos de esperança

"Se eu subir aos céus, lá estás; se eu fizer a minha cama no Sheol, também lá estás. Se eu tomar as asas da alvorada e morar na extremidade do mar, mesmo ali a tua mão me guiará e a tua mão direita me susterá."

SALMOS 139:8-10

Pensamentos de ansiedade que desejo me libertar

Promessa de Deus para mim

Jamais encontrarei um lugar em que Deus não está.
Ele está sempre comigo e jamais me abandonará.

Minha oração

DIA 5

Deus é justo

Aos justos, nasce luz nas trevas; ele é bondoso, compassivo e justo.
Salmos 112:4, NAA

Deus é justo. A justiça de Deus "dura para sempre" (Salmos 112:3) e "chega até os mais altos céus" (Salmos 71:19, NVT).

Sim, Deus é justo; seus decretos são justos (Romanos 1:32), seu julgamento é justo (Romanos 2:5), suas exigências são justas (Romanos 8:4) e seus atos são justos (Daniel 9:16). Conforme escreveu Daniel: "[...] o Senhor, o nosso Deus, é justo em tudo o que faz [...]" (Daniel 9:14).

Deus nunca erra. Ele jamais tomou uma decisão errada, jamais se comportou inapropriadamente, jamais disse algo equivocado, jamais agiu mal. Ele nunca se atrasa nem se adianta, nunca fala alto demais nem baixo demais, nunca é rápido demais nem devagar demais. Ele sempre esteve e sempre estará certo. Ele é justo.

> Deus é perfeitamente justo *e* completamente soberano sobre sua criação. *Soberania* é como a Bíblia descreve o controle perfeito de Deus sobre o universo. Deus preserva e governa todas as coisas. Deus está continuamente envolvido com todas as coisas, especialmente com a vida de seus filhos amados. A ansiedade geralmente é consequência do modo como interpretamos o caos ao nosso redor. Ficamos confusos quando nos sentimos vítimas de forças invisíveis, perturbadoras, aleatórias. Entretanto, a retidão de Deus, combinada com sua soberania, nos dá a certeza de que podemos confiar nele e em suas decisões e capacidade de nos libertar de nossos medos. Sempre que o caos deste mundo induzir você ao medo, lembre-se:

Meus versículos de esperança

Os que conhecem o teu nome confiam em ti, pois tu, Senhor, jamais abandonas os que te buscam.

Salmos 9:10

_____
_____
_____
_____
_____
_____
_____
_____
_____

Pensamentos de ansiedade que desejo me libertar

_____
_____
_____

Promessa de Deus para mim

Posso confiar nas decisões de Deus, pois ele é justo. Posso confiar em seu poder, pois ele é soberano. Posso confiar em Deus.

Minha oração

_____
_____
_____

DIA 6

Preste atenção em Deus

Dediquem-se à oração, vigiando por meio dela com ações de graças.
COLOSSENSES 4:2

Os primeiros cristãos receberam instruções para:
- orarem continuamente (1Tessalonicenses 5:17);
- perseverarem na oração (Romanos 12:12);
- orarem "no Espírito em todas as ocasiões" (Efésios 6:18).

Parece difícil demais? Talvez você esteja pensando: "Mas eu preciso dedicar tempo aos meus negócios, dar atenção a meus filhos, pagar minhas contas. Onde encontrarei tempo para orar sem cessar?"

Nesse caso, você precisa mudar a forma como enxerga a oração. Pense na oração menos como uma atividade diante de Deus e mais como uma maneira de prestar atenção a Deus. Procure viver continuamente desse modo. Reconheça a presença de Deus em todos os lugares. Ore "obrigado, meu Deus, por estar aqui" quando estiver na fila para pagar o estacionamento do carro, "obrigado por tua presença, meu Rei" quando estiver empurrando seu carrinho pelo supermercado, "eu te louvo, meu Criador" quando estiver lavando louça.

Deus ama ouvir nossa voz. Sempre. Ele não se esconde quando você o chama. Ele ouve todas as suas orações. Portanto, "Não fiquem preocupados com coisa alguma, mas, em tudo, sejam conhecidos diante de Deus os pedidos de vocês, pela oração e pela súplica, com ações de graças" (Filipenses 4:6, NAA).

É comum encararmos a oração como mais um item em nossa lista de coisas para fazer, em vez de uma linha de comunicação eterna em amor e relacionamento. Imaginamos que para orar é necessário um ambiente silencioso, uma atitude de reverência e palavras santas. Entretanto, e se "orar sem cessar" nada mais for que prestar atenção a Deus e às suas dádivas? Um caminho de paz que neutraliza as preocupações deste mundo? Caso a maneira que você enxerga a oração esteja restringindo sua conversa com Deus, lembre-se:

Meus versículos de esperança

Da mesma forma, o Espírito nos ajuda em nossa fraqueza, pois não sabemos como devemos orar, mas o próprio Espírito intercede por nós com gemidos inexprimíveis.

ROMANOS 8:26

Pensamentos de ansiedade que desejo me libertar

Promessa de Deus para mim

Deus *sempre* me ouve, mesmo em meio ao barulho da vida e até quando não uso palavras para me expressar.

Minha oração

DIA 7

Ele salva

*Não a nós, Senhor [...] mas ao teu nome seja dada
a glória, pelo teu amor leal e pela tua fidelidade!*
Salmos 115:1

Deus tem um único objetivo: Deus. "Tenho uma reputação a zelar" (Isaías 48:11, A Mensagem).

Parece meio egoísta da parte dele, não? Afinal, é justamente o tipo de coisa que consideramos "autopromoção". Por que Deus se declara dessa forma?

Pela mesma razão que o faz um piloto de barco salva-vidas. Imagine que você está se afogando em um mar escuro e gelado: barco afundando, colete salva-vidas murchando, forças exaurindo. Então, no meio da escuridão, ouve a voz de um piloto de barco salva-vidas, mas não consegue enxergá-lo. O que gostaria que esse piloto fizesse?

Ficasse calado? Passasse despercebido por entre os náufragos e fosse embora? De modo algum! Você quer ouvi-lo em alto e bom som! Em linguagem bíblica, quer que ele mostre toda sua glória: "Estou aqui. Sou competente. Tenho espaço para você. Posso salvá-lo!"

Não desejamos que Deus faça o mesmo conosco? Olhe ao seu redor. As pessoas estão se afogando em um mar de culpa, raiva e desespero. A vida não está funcionando. Estamos todos afundando rapidamente. Mas Deus pode nos salvar. E somente uma mensagem importa: a mensagem dele! Precisamos ver a glória de Deus.

> Precisamos de alguém que venha nos salvar. Quando estamos afundando, precisamos de alguém que estenda a mão e nos socorra. Esse Alguém, com letra maiúscula, é Deus. Sempre que precisar de socorro, lembre-se:

Meus versículos de esperança

Das alturas estendeu a mão e me segurou; tirou-me de águas profundas.

SALMOS 18:16

_____

_____

_____

_____

_____

_____

_____

Pensamentos de ansiedade
que desejo me libertar

_____

_____

_____

Promessa de Deus para mim

Deus está aqui, Deus é forte e tem espaço para mim
em seu barco eterno. Ele pode me salvar.

Minha oração

_____

_____

_____

_____

DIA 8

Preencha seu dia com Jesus

*"Se alguém quiser vir após mim, negue-se a si mesmo,
tome diariamente a sua cruz e siga-me."*
Lucas 9:23

Um amigo e eu saímos para pedalar uma longa trilha de bicicleta. Entretanto, pouco depois de iniciarmos, comecei a me cansar. Em questão de meia hora minhas pernas doíam e meus pulmões arfavam como uma baleia encalhada na praia. Eu mal conseguia girar os pedais. Passados quarenta minutos, precisei parar para descansar. Nesse momento, meu amigo percebeu o problema. O freio de trás estava encostando na roda! Cada pedalada produzia atrito com a borracha do freio. Meu passeio havia se transformado em tortura.

O mesmo não acontece conosco quando a culpa pressiona de um lado e o medo oprime do outro? Não é de admirar que nos cansemos tão rápido. Sabotamos a nós mesmos e tornamos nossa vida um desastre, arrastando conosco os problemas de ontem ao mesmo tempo em que nos preocupamos com as dificuldades de amanhã. Impraticável.

O que fazer? Minha sugestão: consulte Jesus. O Ancião dos Dias tem algo para nos dizer a respeito do nosso cotidiano.

Preencha seu dia com a graça de Jesus. "Em verdade lhe digo", disse Jesus, "que hoje você estará comigo no paraíso" (Lucas 23:43).

Entregue seu dia aos cuidados dele. "Dá-nos o pão nosso de cada dia" (Lucas 11:3).

Busque diariamente a orientação dele. "Se alguém quiser vir após mim, negue-se a si mesmo, tome diariamente a sua cruz e siga-me" (Lucas 9:23)

Graça, cuidado e *orientação.*

Preencha seu cotidiano com Jesus.

> O que está exaurindo suas forças hoje? Talvez seja um problema que você já conhece ou, a exemplo do freio da minha bicicleta, alguma coisa ainda não identificada esteja drenando sua energia. Sempre que seu dia parecer travado, lembre-se:

Meus versículos de esperança

Que diremos, pois, diante dessas coisas? Se Deus é por nós, quem será contra nós?

ROMANOS 8:31

_____

_____

_____

Pensamentos de ansiedade que desejo me libertar

_____

_____

_____

Promessa de Deus para mim

Posso buscar conselhos com Jesus. Posso mergulhar meu dia em sua graça e confiar meu cotidiano em suas mãos. Posso aceitar a orientação dele.

Minha oração

_____

_____

DIA 9

Volte-se para o Pai

"Pai, se queres, afasta de mim este cálice de sofrimento!"
Lucas 22:42a, NTLH

Jesus sentiu mais que ansiedade: sentiu medo.

Que coisa incrível é Jesus ter sentido medo. Mais que isso, incrível que tenha se disposto a falar sobre seu medo. Afinal, nossa tendência é fazer justamente o contrário: ocultar nossos medos, encobrir nossos temores, esconder nossas mãos suadas nos bolsos, disfarçar a náusea e a boca seca. Entretanto, Jesus não fez nada disso. Ele não se fingiu de forte, mas orou pedindo forças.

"Pai, se queres, afasta de mim este cálice de sofrimento." O Pai foi o primeiro a ouvir seu medo. Jesus poderia ter corrido para sua mãe, poderia ter compartilhado com seus discípulos, poderia ter convocado uma reunião de oração. Nada disso estaria errado, porém a prioridade dele era outra. Ele se dirigiu em primeiro lugar ao seu Pai.

Sim, a primeira coisa que Jesus fez foi correr para seu Pai, ao contrário de nós, que geralmente recorremos primeiro à bebida, ao psicólogo, aos livros de autoajuda ou ao vizinho. O primeiro a tomar conhecimento de seu medo foi seu Pai celestial. Jesus ilustrou muito bem as palavras do salmo 56:3: "Quando eu estiver com medo, confiarei em ti."

Faça a mesma coisa. Não fuja do Jardim do Getsêmani. Ao contrário, entre nele. Apenas não entre sozinho.

Para quem ou o quê corremos quando sofremos? Quando alguém nos machuca? Quando a ansiedade se instala? Sabemos que Deus é a resposta. Entretanto, por que somos tentados a buscar soluções

> rápidas, falar com outras pessoas ou mesmo correr atrás de coisas temporárias? Sempre que você estiver à procura de alguém para conversar sobre seus medos, lembre-se:

Meus versículos de esperança

O nome do Senhor é uma torre forte; os justos correm para ela e estão seguros.

Provérbios 18:10

_____

_____

_____

_____

Pensamentos de ansiedade que desejo me libertar

_____

_____

_____

Promessa de Deus para mim

Sempre posso buscar auxílio em Deus. Ele ouvirá meus medos, saberá o que devo fazer e me dará forças para fazê-lo.

Minha oração

_____

_____

DIA 10

Ele está escrevendo sua história

*"Quando depararem com uma situação difícil,
Deus estará lá para ajudá-los."*
MATEUS 6:34B, A MENSAGEM

Você olha para o calendário e pensa nas necessidades de amanhã, nos boletos que vencem semana que vem, nos compromissos agendados para o mês seguinte. O futuro parece seco como o deserto do Sinai. Então, você pensa: "Como enfrentarei o futuro desse jeito?"

Deus sabe o que você precisa e onde você estará amanhã. Confie nele. "Prestem atenção apenas no que Deus está fazendo agora e não se preocupem quanto ao que pode ou não acontecer amanhã. Quando depararem com uma situação difícil, Deus estará lá para ajudá-los" (Mateus 6:34, A Mensagem).

A palavra grega traduzida como "preocupação", *merimnao*, tem origem no verbo *merizo* (dividir) e no substantivo *nous* (mente). A preocupação causa uma rachadura em nossa mente, dividindo nossos pensamentos entre o dia de hoje e o dia de amanhã. Nessa divisão, o dia de hoje sempre sai perdendo. Preocupar-se com os problemas de amanhã enfraquece sua vida, pois exaure as forças que você necessita para hoje.

Não é da vontade de Deus que você viva em perpétua ansiedade. Não é da vontade dele que você encare seu cotidiano com medo e exaustão. Ele criou você para mais que viver com o coração pesado de angústia e com a cabeça cheia de preocupação. Deus tem um novo capítulo para sua vida e está pronto para começar a escrevê-lo.

> A preocupação faz com que problemas pequenos pareçam grandes, projetando sombras assustadoras sobre nossa vida. Presos na escuridão, estrebuchamos para encontrar a luz da fidelidade de Deus. Esquecemos que ele está escrevendo nossa história. Sempre que a preocupação quiser assumir a caneta para alterar a história de sua vida, lembre-se:

Meus versículos de esperança

O Senhor dirige os passos do justo [...]. Ainda que tropece, não cairá, pois o Senhor o segura pela mão.
Salmos 37:23-24, NVT

_____

_____

Pensamentos de ansiedade
que desejo me libertar

_____

_____

_____

Promessa de Deus para mim

Deus sabe o que necessito. Ele está escrevendo
minha história e cuidará de mim.

Minha oração

_____

_____

DIA 11

As orações que ele responde

"Se crerem, receberão qualquer coisa que pedirem em oração."
MATEUS 21:22, NVT

Essa declaração grandiosa não se refere a coisas como carro novo e aumento de salário. A promessa dessa passagem não se limita a privilégios e benefícios. O fruto que Deus garante é muito maior que qualquer riqueza terrena. Os sonhos de Deus são mais elevados que bens e carreira.

Deus deseja que você levante voo. Ele quer que você voe livre de culpas passadas, voe livre de temores atuais, voe livre do medo da morte. Pecado, medo e morte são as montanhas que ele move, as orações que ele responde, o fruto que ele promete. É isso o que ele mais deseja fazer.

> Em minha opinião, nossos maiores medos não passam de mera contusão para Deus. E digo mais: muitas pessoas vivem desnecessariamente ansiosas por causa de hematomas temporários. Não restrinja sua oração às coisas deste mundo. Antes, aproxime-se de Deus com o coração e as mãos abertos, e peça pelos verdadeiros tesouros: viver livre das preocupações e do medo, ter mais confiança em Deus, receber a paz que excede todo entendimento. Ouse pedir e acreditar que Deus responderá. Não deixe que o medo o detenha nem restrinja suas orações. Ao contrário, lembre-se:

Meus versículos de esperança

"[...] Em verdade lhes digo que, se tiverem fé como um grão de mostarda, poderão dizer a este monte: 'Vá daqui para lá', e ele irá, e nada será impossível para vocês."

MATEUS 17:20-21

_____
_____
_____
_____
_____
_____
_____

Pensamentos de ansiedade que desejo me libertar

_____
_____
_____

Promessa de Deus para mim

Deus move montanhas. Portanto, ele pode afastar minhas preocupações e me libertar de meus medos. Ele responderá minhas orações e me libertará.

Minha oração

_____
_____
_____

DIA 12

Deus vê o que não podemos ver

Não há ninguém como o Senhor, nosso Deus,
que tem o seu trono nas alturas [...].
Salmos 113:5, NTLH

Minha família e eu visitamos um castelo em uma viagem ao Reino Unido. Esse castelo tinha um jardim cujo centro havia um labirinto de cerca viva, cortada até a altura dos ombros e repleto de becos sem saída. Quem conseguisse encontrar a saída se depararia com uma porta que dá acesso a uma torre situada no meio do labirinto. Se você pudesse ver as fotografias de nosso álbum de viagem, observaria quatro pessoas (de uma família de cinco) no topo da torre. Hum, alguém ainda não havia encontrado a saída. Advinha quem? Sim, eu continuava perdido entre os arbustos, sem saber aonde ir. Eis que ouço uma voz de cima:

— Ei, pai. — Era minha filha Sara falando comigo do alto da torre. — Você está indo na direção errada. Volte e vire à direita.

Eu não precisava confiar nela, mas foi o que fiz. Afinal, ela tinha um ponto de vista mais vantajoso que o meu. Ela estava acima do labirinto, portanto, era capaz de ver o que eu não conseguia.

Não deveríamos ter a mesma atitude com Deus?

Aguente firme. Confie na Palavra de Deus. Como eu no labirinto, você precisa de uma voz para guiá-lo até a saída. Graças a Deus por ter se disposto a falar conosco.

A vida pode parecer um labirinto de obstáculos e becos sem saída. O medo de errar o caminho ou de não encontrar uma saída pode nos paralisar, nos levar a bater de cara em uma parede ou nos forçar a bater em retirada. Precisamos de alguém acima do labirinto, uma voz que nos guie. Precisamos de Deus. Sempre que necessitar de estímulo para buscar socorro nas alturas, lembre-se:

Meus versículos de esperança

Mostra-me o caminho certo, Senhor, ensina-me por onde devo andar. Guia-me pela tua verdade e ensina-me, pois és o Deus que me salva; em ti ponho minha esperança todo o dia.
Salmos 25:4-5, NVT

Pensamentos de ansiedade que desejo me libertar

Promessa de Deus para mim

Deus vê o que não consigo enxergar e conhece o melhor caminho para mim. Posso confiar nele para me conduzir, passo a passo, por entre o labirinto da vida.

Minha oração

DIA 13

Definidos pela graça

Deus, por ser rico em misericórdia, por causa do grande amor com que nos amou, [...] nos ressuscitou com Cristo [...] para mostrar [...] a incomparável riqueza da sua graça [...].
Efésios 2:4-7

A graça define quem você é. Conforme ela preenche sua vida, os rótulos terrenos vão desaparecendo. A sociedade rotula você igual uma lata na linha de produção: estúpido, improdutivo, lento, tagarela, procrastinador, avarento. Entretanto, à medida que a graça preenche sua vida, essas críticas vão se dissolvendo, pois você sabe que não é como as pessoas o rotulam. Você é quem Deus afirma que é: espiritualmente vivo, cidadão celestial, unido ao Pai, distribuidor de misericórdia, filho honrado.

É claro que nem todos os rótulos terrenos são negativos. Alguns podem considerar você atraente, esperto, bem-sucedido, competente. Apesar disso, nem mesmo um alto funcionário da Casa Branca se compara a alguém sentado com Cristo "nas regiões celestiais" (Efésios 2:6).

Mergulhe sua alma nesse versículo. A próxima vez que ventos áridos do deserto soprarem em sua cara, querendo rotular você por meio de problemas do passado, tome o cálice da graça divina e beba. É a graça de Deus que define quem você é. As pessoas não têm nenhuma influência sobre você. Somente Deus tem. E Deus afirma que você pertence a ele. Ponto-final.

Que nomes o mundo colocou em você? Que rótulos atribuiu a você? Quer para o bem quer para o mal, não ouça o que o mundo diz a seu respeito, pois ele não costuma dizer a verdade, e certamente não diz a verdade completa. Sempre que a sociedade induzir você a duvidar de quem verdadeiramente é, lembre-se:

Meus versículos de esperança

Mas agora, ó Jacó, ouça o Senhor que o criou; ó Israel, assim diz aquele que o formou: "Não tema, pois eu o resgatei; eu o chamei pelo nome, você é meu."
Isaías 43:1, NVT

_____

Pensamentos de ansiedade que desejo me libertar

_____

Promessa de Deus para mim

Não sou quem o mundo afirma que sou. Sou o que Deus diz a meu respeito. Eu pertenço ao Senhor.

Minha oração

_____

DIA 14

Um passo de cada vez

Tua palavra é lâmpada para meus pés e luz para meu caminho.
SALMOS 119:105

Arthur Hays Sulzberger foi editor do *The New York Times* durante a Segunda Guerra Mundial. Aquele conflito fez com que Arthur tivesse uma dificuldade enorme para dormir. A mente dele não conseguia se desvencilhar das preocupações, até o dia em que ele transformou estas cinco palavras em seu lema de vida: "Um passo de cada vez", refrão adaptado do hino "Lead, Kindly Light" [*Luz Benigna*, Cantor Cristão, hino 355].

Deus não revelará o caminho completo para você, portanto, é melhor desistir de procurá-lo. Ele promete luz para nossos pés, não uma bola de cristal para enxergar o futuro. Não precisamos saber o que acontecerá amanhã. Somente precisamos saber que ele nos conduz e que "encontraremos graça para nos ajudar quando for preciso" (Hebreus 4:16, NVT).

Deus está conduzindo você. Deixe para amanhã os problemas de amanhã.

Todos nós gostaríamos de saber todos os detalhes: para onde estamos indo, que caminho tomar, quando chegaremos lá e o que exatamente é esse "lá". Em outras palavras, queremos saber o que somente Deus sabe: o futuro. A próxima vez que você sentir medo do futuro, alegre-se na soberania de Deus. Alegre-se em tudo o que Deus tem realizado. Alegre-se pois ele é capaz de fazer o que você não consegue. Preencha sua mente e seus pensamentos com Deus e lembre-se:

Meus versículos de esperança

O Senhor diz: "Eu o guiarei pelo melhor caminho para sua vida, lhe darei conselhos e cuidarei de você."
Salmos 32:8, NVT

Pensamentos de ansiedade que desejo me libertar

Promessa de Deus para mim

Deus é Senhor de todas as coisas, épocas e lugares.
Sua Palavra é a verdade absoluta. Posso confiar
nele e segui-lo, pois ele conhece o caminho.

Minha oração

DIA 15

Você é meu

E nós estamos naquele que é o Verdadeiro, em seu Filho, Jesus Cristo.
1João 5:20

Deus conhece toda sua história, desde o primeiro choro até o último suspiro, e declara com todas as letras: "Você é meu."

Meu editor tomou uma decisão semelhante sobre este livro: leu cada palavra antes de concordar em publicá-lo. Várias pessoas do departamento editorial vasculharam meu manuscrito, revirando os olhos com minhas piadas sem graça, checando a gramática, sugerindo mais ênfase aqui e menos ênfase acolá, reorganizando páginas, até finalmente, depois de muitas idas e vindas, concordarem com o texto final. Em seguida, veio a decisão de publicar ou não. Sim, o editor tem toda liberdade de não publicar, e algumas vezes é o que acontece. (Obviamente, não foi o caso aqui.) Por fim, ciente do produto imperfeito que o leitor tem em mãos, a editora optou por publicar o livro. O que você está lendo pode ser novidade, mas não para a editora.

O que você faz pode surpreendê-lo, mas não o Senhor, o qual, ciente de sua vida imperfeita, decidiu criar você.

Confie no amor perfeito de Deus. Não tenha medo de que Deus descubra seu passado. Ele já está ciente de tudo que você fez. Também não tenha medo de decepcioná-lo no futuro, pois Deus, em seu perfeito conhecimento do passado e perfeita visão do futuro, ama você completamente.

Quantas vezes vestimos máscaras perante o mundo para esconder nossas imperfeições e evitar o máximo possível que alguém descubra a nossa verdadeira face. Entretanto, essa atitude traz medo e solidão que, por sua vez, produzem anseio por aceitação e acolhimento, levando-nos a procurar amor em pessoas, lugares e coisas erradas. Contudo, existe somente um lugar em que encontramos amor: Deus. Em sua busca por um amor perfeito, lembre-se:

Meus versículos de esperança

Mas nisto Deus demonstra seu amor por nós: Cristo morreu em nosso lugar, apesar de sermos pecadores.

ROMANOS 5:8

Pensamentos de ansiedade que desejo me libertar

Promessa de Deus para mim

Deus me ama perfeitamente, mesmo sabendo de todas as minhas imperfeições. Meus erros não o surpreendem. Ele continua estendendo sua graça sobre mim e me socorrendo.

Minha oração

DIA 16

Eu me escondo, mas Deus me busca

> [...] *vestiram-se de Cristo.*
> Gálatas 3:27

Todos nós comemos do fruto proibido. Todos nós falamos o que não deveríamos falar, vamos onde não deveríamos ir, colhemos de árvores que não deveríamos tocar.

Quando agimos assim, despertamos nossa vergonha e corremos para nos esconder. Costuramos folhas de figueira e cobrimo-nos de boas obras, mas basta um vento de verdade para nos deixar nus em nosso próprio fracasso.

O que Deus faz nessa situação? Exatamente o que fez por nossos pais no jardim: derrama sangue inocente e oferece a vida de seu Filho. A partir desse sacrifício, o Pai tira o manto da justiça. Mas ele simplesmente o atira em nossa direção e ordena que nos comportemos melhor? Não, ele o usa para nos vestir, para nos revestir de si mesmo. "[...] pois os que em Cristo foram batizados vestiram-se de Cristo" (Gálatas 3:27).

Nós nos escodemos, mas Deus nos busca. Nós pecamos, mas ele sacrifica. Nós tentamos nos vestir com folhas, mas ele nos veste de justiça.

Alegre-se na misericórdia do Senhor. Confie na capacidade dele de perdoar. Pare de se esconder atrás de folhas de figueira. O santo habita em graça, não em culpa. Esse é o caminho para o descanso da alma.

Basta uma única espiada em nosso guarda-roupa de erros passados para confirmar que todos nós falhamos. E a tentativa de esconder nossos erros faz com que vivamos preocupados que alguém nos descobrirá, e assim nossa ansiedade vai aumentado. Sempre que as folhas de figueira pararem de funcionar e bater aquele desejo de receber graça de Deus, lembre-se:

Meus versículos de esperança

É imensa a minha alegria no Senhor, meu Deus! Pois ele me vestiu com roupas de salvação e pôs sobre mim um manto de justiça.

Isaías 61:10, NVT

_____
_____
_____

Pensamentos de ansiedade que desejo me libertar

_____
_____

Promessa de Deus para mim

Deus me busca. Seu manto de justiça me cobre, sua graça apaga minha culpa e assim posso viver na paz de Jesus.

Minha oração

_____
_____

DIA 17

Deus supre nossas necessidades diariamente

Como é grande a tua bondade, que reservaste para aqueles que te temem, e que [...] concedes àqueles que se refugiam em ti!
SALMOS 31:19

"Dá-nos o pão nosso de cada dia" (Lucas 11:3). Essa frase curta revela o plano da provisão de Deus: *um dia de cada vez*. O Senhor revelou essa estratégia aos israelitas no deserto: "Eu lhes farei chover pão do céu. O povo sairá e recolherá diariamente a porção necessária para aquele dia [...]" (Êxodo 16:4).

Observe os detalhes desse plano de provisão.

Deus supre nossas necessidades diárias. Codornas cobriam o chão do acampamento no final do dia e o maná brilhava como geada pela manhã. Carne para o jantar, pão para o café da manhã. E esses alimentos eram entregues todos os dias. Não anualmente nem mensalmente nem de hora em hora, mas diariamente. E tem mais.

Deus supre nossas necessidades milagrosamente. Os israelitas viram pela primeira vez aquela coisa branca no chão e "perguntaram uns aos outros: 'Que é isso?' Uma vez que não sabiam do que se tratava [...]." (Êxodo 16:15).

Deus dispunha de recursos que eles desconheciam totalmente, soluções fora da realidade deles e provisões fora da possibilidade deles. Eles só enxergavam problemas, mas Deus enxergava provisão.

A ansiedade desaparece à medida que cultivamos em nossa memória a bondade de Deus.

É cansativo demais tentar suprir cada necessidade, grande ou pequena, de nosso cotidiano. Parte dessa dificuldade tem a ver com o fato de que nossas necessidades não têm fim. Sempre que os problemas diários da vida impedirem você de enxergar a provisão de Deus, lembre-se:

Meus versículos de esperança

O meu Deus suprirá todas as necessidades de vocês, de acordo com as suas gloriosas riquezas em Cristo Jesus.
       FILIPENSES 4:19

Pensamentos de ansiedade que desejo me libertar

Promessa de Deus para mim

Deus é bom e prometeu suprir todas as minhas necessidades. Posso contar com ele hoje, amanhã e todos os dias da minha vida, um dia de cada vez.

Minha oração

DIA 18

Deus jamais desiste

Pois o SENHOR é justo e ama a justiça [...].
SALMOS 11:7

Deus jamais desiste.

Ele não desistiu quando José foi jogado em um poço por seus irmãos; quando Moisés disse: "Eis-me aqui, envia Arão"; quando os israelitas preferiram a escravidão do Egito em vez de leite e mel; quando Pedro o adorou na última ceia e mais tarde o amaldiçoou junto à fogueira.

Seres humanos cravaram as mãos divinas à cruz com pregos, mas não foram os soldados que mantiveram as mãos de Jesus firmes no lugar. Foi Deus que as manteve firmes. Sim, Deus, que desistiu de seu único Filho antes de desistir de você.

Todos pensaram que Jesus estava morto, *exceto Deus*. Sim, seu Filho foi morto e sepultado, mas Deus o ressuscitou, transformando a crucificação de sexta-feira em festa de comemoração no domingo.

Você continua achando que Deus não é capaz de fazer reviravoltas em sua vida?

Sempre que se sentir assombrado por angústias de erros passados e medo do futuro; sempre que imaginar que Deus não está ouvindo suas orações, não desista. O céu ouviu você. Exércitos angelicais já foram enviados para ajudar. Reforços estão a caminho. Afinal, Deus prometeu lutar "contra os que lutam contra você" (Isaías 49:25, NAA). Não importa se sua luta é contra inimigos externos ou medos interiores. Sempre que você se sentir tentado a desistir, lembre-se:

Meus versículos de esperança

Certamente a bondade e o amor leal me seguirão todos os dias da minha vida, e habitarei na Casa do Senhor para sempre.

SALMOS 23:6

Pensamentos de ansiedade que desejo me libertar

Promessa de Deus para mim

Sou filho de Deus. Minhas preocupações, medos e fracassos não enfraquecem o amor dele por mim. Ele jamais desistirá de mim.

Minha oração

DIA 19

Cristo é capaz!

*Para isso eu me esforço, lutando conforme a força
dele que atua poderosamente em mim.*
COLOSSENSES 1:29

Deus estava *com* Adão e Eva e com eles andava no frescor do entardecer.

Deus estava *com* Abraão e até se referiu ao patriarca como amigo.

Deus estava *com* Moisés e os filhos de Israel.

Também estava *com* os apóstolos. Pedro podia tocar a barba de Deus. João podia ver Deus dormindo. Muitas pessoas podiam ouvir a voz de Deus, pois Deus estava *com* elas!

Hoje, porém, ele está *em* você e fará tudo o que você não é capaz de fazer. Imagine que alguém depositou um milhão de dólares em sua conta bancária. Para qualquer observador externo, você pareceria a mesma pessoa (talvez exceto por aquele sorriso bobo no rosto), mas não seria mais a mesma pessoa! Com Deus *em* você, agora você tem acesso a um milhão de recursos que não possuía antes!

Talvez você não consiga parar de se preocupar, mas Cristo é capaz. E ele habita em você.

Portanto, em vez de começar a lutar com seus próprios recursos, comece com Jesus. Comece com a riqueza, os recursos e a força de Cristo. Antes de abrir sua caderneta, abra seu coração. Antes de contar moedas ou pessoas, conte o número de vezes que Jesus ajudou você a enfrentar o impossível. Antes de sair correndo em pânico, corra para Deus em fé. Pare e pense. Busque a ajuda de seu Pai.

Todos os dias enfrentamos situações que não podemos resolver por meio de nossa própria força ou paciência. Essas coisas nos distraem e nos esquecemos de recorrer ao poder daquele que vive *em* nós. Sempre que você se sentir esmagado, oprimido ou pisoteado, lembre-se:

Meus versículos de esperança

Ele, porém, me disse: "A minha graça é suficiente para você, pois o meu poder se aperfeiçoa na fraqueza". Portanto, eu me gloriarei ainda mais alegremente nas minhas fraquezas, para que o poder de Cristo repouse em mim.

2Coríntios 12:9

Pensamentos de ansiedade que desejo me libertar

Promessa de Deus para mim

Deus habita *em* mim e seu poder está em mim. Jamais estou sozinho. Ele trabalha por meu intermédio e me capacita para fazer o que precisa ser feito.

Minha oração

DIA 20

Olhe para Jesus

"Porque a vontade de meu Pai é que todo aquele que olhar para o Filho e nele crer tenha a vida eterna [...]".
João 6:40

É uma promessa simples: "[...] para que todo aquele que nele crer tenha a vida eterna" (João 3:15).

Essa simplicidade é um problema para muitas pessoas que esperavam uma cura mais complicada ou um tratamento mais elaborado. Esperamos uma participação mais ativa para inventar um remédio para os nossos pecados.

Outros optam por escrever a própria Escritura. "Deus ajuda quem se ajuda", "Pode deixar, eu mesmo me conserto", são algumas pérolas do Livro de Opiniões Populares. A ideia aqui é pagar os próprios erros com doações, a culpa com atividades religiosas, os fracassos com trabalho árduo. Em outras palavras, encontrar a salvação por meio da antiga tradição de "fazer por merecer."

Em contrapartida, Cristo diz: "Seu trabalho é confiar em mim para fazer o que você não é capaz."

A propósito, é o mesmo tipo de confiança que você demonstra diariamente. Por exemplo, você crê que sua cadeira suportará seu peso, portanto, senta-se nela; crê que beber hidrata seu corpo, portanto, toma água; crê no funcionamento do interruptor, portanto, liga a luz; crê na maçaneta da porta, portanto, abre-a.

Você confia o tempo todo em forças que não pode ver para realizarem trabalho que de outra forma não seria possível. Jesus convida você para crer dessa mesma maneira.

Olhe para Jesus e simplesmente creia.

> Nossa tentativa de consertar o que não está ao nosso alcance pode trazer frustração, conflitos e medo de que nossos esforços não sejam suficientes para pagar por nossos erros e merecer o amor e a graça de Deus. Sempre que duvidar que a fé é suficiente para Deus, lembre-se:

Meus versículos de esperança

Mas, a todos que creram nele e o aceitaram, ele deu o direito de se tornarem filhos de Deus.
João 1:12, NVT

_____
_____
_____

Pensamentos de ansiedade que desejo me libertar

_____
_____

Promessa de Deus para mim

Não preciso "fazer por merecer" para ser aceito por Deus. Sua graça me salva e ele cumprirá as promessas que fez para mim. E, sempre que eu enfrentar alguma dificuldade, ele me ajudará a crer.

Minha oração

_____
_____

DIA 21

Orar é simples assim

*Reconheça [o Senhor] em todos os seus caminhos,
e ele endireitará as suas veredas.*
PROVÉRBIOS 3:6

Meu pai me deixava sentar no colo dele enquanto dirigia! Hoje ele seria preso por isso, mas há meio século ninguém se importava, especialmente nas vastas planícies de petróleo do Texas, onde havia mais coelhos que pessoas.

Eu amava aqueles passeios. E não importava que sequer conseguia enxergar por cima do painel; que meus pés não alcançavam os pedais; que mal sabia diferenciar um rádio de um carburador. Eu estava ajudando meu pai a dirigir.

E você acha que eu tinha medo de sair da estrada, de capotar em uma curva, de estourar o pneu em um buraco? De jeito nenhum. As mãos do meu pai estavam por cima das minhas. Os olhos dele eram mais aguçados que os meus. Eu dirigia sem medo! Qualquer um é capaz de dirigir um automóvel no colo de seu pai.

Da mesma forma, qualquer um é capaz de orar.

Orar é a prática de se sentar tranquilamente no colo de Deus e colocar as mãos no volante. Deus se encarrega da velocidade e das curvas acentuadas a fim de chegarmos sãos e salvos. É assim que trazemos a ele nossas orações, pedindo que afaste de nós este ou aquele cálice (Marcos 14:36): o cálice da doença, da traição, das dificuldades financeiras, da falta de emprego, dos conflitos, da senilidade. Orar é simples assim.

Jesus enfrentou seu maior medo com uma oração honesta. Podemos fazer a mesma coisa.

Complicamos demais a oração. Inventamos repertórios de palavras, lugares e posturas adequadas, como se a única forma de garantir que Deus nos ouvirá fosse seguir fielmente um roteiro. Consequentemente, aproximamo-nos do trono de Deus cheios de incertezas, temendo pedir demais ou incomodar o Senhor. Sempre que você sentir dificuldade para falar com Deus, lembre-se:

Meus versículos de esperança

Eu amo o SENHOR, porque ele ouviu a voz da minha súplica. Porque ele inclinou os seus ouvidos para mim, eu o invocarei por toda a minha vida.

SALMOS 116:1-2

Pensamentos de ansiedade que desejo me libertar

Promessa de Deus para mim

Deus ama quando falo com ele. Posso conversar com Deus em qualquer lugar, a qualquer momento e a respeito de qualquer coisa, e ele sempre me responderá. Sempre.

Minha oração

DIA 22

Perto e engajado

" [...] pois sou Deus, e não um simples mortal.
Sou o Santo que vive entre vocês [...]."
OSEIAS 11:9, NVT

Antes de prosseguirmos, preste atenção à última frase: "Sou o Santo que vive entre vocês." Você acredita nisso? Crê que Deus está perto? Deus deseja que você creia nisso e que saiba que ele está ao seu lado. Seja onde você estiver, Deus está presente: em seu carro, em sua viagem de avião, em seu escritório, em seu quarto, em seu lugar de solitude.

E ele não apenas está perto, como também está engajado.

Deus está no meio de tudo o que acontece com você. Ele não se mudou para uma galáxia distante, não se isolou da nossa história, não se trancou em um castelo em chamas.

Deus participa de nossa vida. Ele se compadece com nossas dificuldades, mágoas e perdas. Ele está em nosso meio de segunda a domingo, na sala de aula e na igreja, no café da manhã e na santa ceia.

O Senhor está perto! Você não está sozinho. Talvez você se sinta solitário, talvez imagine que esteja sozinho, mas em nenhum momento você enfrenta a vida sozinho, pois Deus está perto.

Algumas vezes o peso da responsabilidade nos oprime e parece que o mundo inteiro está de olho para ver a casa cair. Nada vai acontecer, pela simples razão de que Deus está perto. Não estamos sozinhos, abandonados à própria sorte. Sempre que as preocupações sussurrarem o contrário, lembre-se:

Meus versículos de esperança

"Habitarei e andarei no meio deles. Serei o seu Deus, e eles serão o meu povo."
2Coríntios 6:16b

_____
_____
_____
_____
_____
_____
_____
_____
_____

Pensamentos de ansiedade que desejo me libertar

_____
_____
_____

Promessa de Deus para mim

Deus está perto e está trabalhando em minha vida.
Ele carregará o peso desse grande fardo.

Minha oração

_____
_____

DIA 23

O caminho da paz

*Não vivam preocupados com coisa alguma; em vez
disso, orem a Deus pedindo aquilo de que precisam
e agradecendo-lhe por tudo que ele já fez.*
Filipenses 4:6, NVT

Quer se preocupar menos? Então, ore mais. Em vez de olhar para frente com medo, olhe para cima com fé. O mandamento acima não é surpresa para ninguém. Se tratando da oração, a Bíblia é muito clara: Jesus ensinou que devemos "orar sempre e nunca desanimar" (Lucas 18:1). De acordo com Paulo: "Dediquem-se à oração com a mente alerta e o coração agradecido." (Colossenses 4:2, NVT). E Tiago: "Há alguém sofrendo entre vocês? Que ele ore." (Tiago 5:13a).

Portanto, não se preocupe com nada, mas ore por tudo. Sim, por tudo mesmo: de trocas de fraldas a entrevistas de emprego, de reuniões de negócios a chuveiro queimado, de procrastinações a diagnósticos. Ore por absolutamente tudo.

O caminho para a paz é aberto por meio da oração: mais súplicas e menos consternações, mais preces e menos ansiedade. À medida que você orar, a paz de Deus guardará seu coração e sua mente. Há algo melhor que isso?

Deus nos convida a orar por tudo. Não com timidez, mas com ousadia. Com que frequência oramos dessa maneira? Talvez você esteja pensando: "Não vale a pena orar por isso" ou "Não preciso incomodar Deus, posso resolver sozinho." Alguma vez você se atolou em problemas a ponto de *esquecer* de pedir ajuda? Verdade seja dita, Deus deseja ouvir nossos problemas de nossos próprios lábios.

Sempre que sentir dificuldade de trazer seus problemas para Deus, lembre-se:

Meus versículos de esperança

"Peçam, e será dado a vocês; busquem e vocês encontrarão; batam, e a porta será aberta a vocês. Pois todo aquele que pede recebe; o que busca encontra; e, àquele que bate, a porta será aberta."

Mateus 7:7-8

_____
_____
_____
_____
_____

Pensamentos de ansiedade que desejo me libertar

_____
_____

Promessa de Deus para mim

Posso orar a respeito de toda e qualquer coisa. Posso orar a qualquer momento e a todo momento. Deus deseja ouvir minhas orações.

Minha oração

_____
_____

DIA 24

Você é necessário

*Façam assim, e Deus, que é soberano, irá tornar
real em vocês a mais excelente harmonia.*
Filipenses 4:9, A Mensagem

O Regente Invisível conduz a grande orquestra que chamamos vida. Sempre que professores talentosos auxiliam estudantes, gerentes eficazes desatam nós burocráticos, tutores amam seus animais de estimação e contadores ajustam perfeitamente seus balancetes, estão "funcionando maravilhosamente no corpo de Cristo" (Romanos 12:5, A Mensagem).

Seu papel, caro leitor, não é pequeno, pois não existem papéis pequenos nesta história. "Todos vocês juntos são o corpo de Cristo, e cada um de vocês é um membro separado e necessário desse corpo" (1Coríntios 12:27b, NBV). "Separado e necessário." Em outras palavras, único e essencial. Ninguém mais tem a mesma participação que você. O Autor do drama humano entregou a você um papel exclusivo. Viva sua vida, pois ninguém mais pode vivê-la por você. Precisamos que você seja você.

Você precisa que você seja você.

> Em um mundo obcecado por grandeza, atrevimento, riqueza e fama, pode parecer que nossa contribuição não vale nada, mas Deus sabe que isso não é verdade. Ele criou você para ser você e quer ajudá-lo a ser o melhor você possível. Se você se sente desnecessário, irrelevante, insignificante, lembre-se:

Meus versículos de esperança

Não se vendem dois pardais por um asse? Contudo, nenhum deles cai no chão sem o consentimento do Pai de vocês. Até os cabelos da cabeça de vocês estão todos contados. Portanto, não tenham medo; vocês valem mais do que muitos pardais!
MATEUS 10:29-31

_____
_____
_____
_____
_____
_____
_____

Pensamentos de ansiedade que desejo me libertar

_____
_____
_____

Promessa de Deus para mim

Deus me criou para ser eu, e ele me ajudará a ser o melhor eu possível. Sou desejado e necessário neste mundo.

Minha oração

_____
_____

DIA 25

Mudança de estação

*Para tudo há uma ocasião certa; há um tempo
certo para cada propósito debaixo do céu.*
ECLESIASTES 3:1

Deus administra a vida da mesma forma que gerencia o cosmos: por meio de estações. Com relação à Terra, conhecemos bem a estratégia administrativa de Deus. Por exemplo, a natureza precisa do inverno para descansar e da primavera para acordar. Ninguém sai correndo para se esconder em abrigos subterrâneos quando despertam as primeiras flores da primavera. As cores do outono não fazem disparar alarmes antiaéreos. As estações do ano não aterrorizam os seres humanos, mas circunstâncias pessoais inesperadas sem dúvida nos assustam.

Você está passando por uma mudança de estação? Está aguardando a chegada de um novo capítulo em sua vida? A folhagem de seu mundo já mostra sinais de uma nova estação? Se for o caso, a mensagem do céu para você é bem clara: enquanto todas as coisas mudam, a presença de Deus jamais muda. Em nossa jornada, a companhia do Espírito Santo nos "ensinará todas as coisas e fará que se lembrem de tudo o que eu disse". (João 14:26).

Portanto, aceite de bom grado tudo que aparecer em seu caminho. Receba. Aceite. Não resista. Mudanças são mais que apenas parte da vida; são elementos necessários da estratégia de Deus, o qual, a fim de nos usar para transformar o mundo, algumas vezes redireciona nossos papéis, conforme fez com Gideão (de agricultor para general), Maria (de garota camponesa para mãe de Cristo) e Paulo (de rabino local para evangelista mundial). É possível que Deus traga uma nova estação para sua vida. Entretanto, ele quer que você saiba que jamais enfrentará o futuro sem a ajuda dele.

Sabemos que as coisas mudam. O que não sabemos é *quando* mudarão ou *quais* problemas trarão. Sempre que sua vida passar por uma mudança de estação e você sentir necessidade de ter uma rocha imutável para se apoiar, lembre-se:

Meus versículos de esperança

Deus é o nosso refúgio e a nossa fortaleza; auxílio sempre presente nas adversidades.
Salmos 46:1

_____
_____
_____
_____
_____

Pensamentos de ansiedade que desejo me libertar

_____
_____

Promessa de Deus para mim

As promessas de Deus não mudam. A presença de Deus não muda. Jamais enfrentarei dificuldade alguma sem a ajuda dele.

Minha oração

_____
_____

DIA 26

Ele chama você pelo nome

*"[...] há alegria na presença dos anjos de Deus
por um pecador se que arrepende."*
Lucas 15:10

Nossa fé não está na religião e sim em Deus. Uma fé forte e ousada que crê em Deus sempre fará o certo. E Deus fará tudo que estiver ao seu alcance, tudo mesmo, para trazer seus filhos para casa.

Afinal, o Senhor é o pastor em busca de suas ovelhas. Um pastor que, com pernas arranhadas, pés doloridos e olhos lacrimejantes, se dispõe a escalar rochedos, atravessar vales e vasculhar cavernas, sempre com as mãos à boca, em formato de cone, clamando por um nome.

E o nome que ele chama é o seu nome, caro leitor.

Ele é como a dona de casa em busca da moeda perdida. Embora tenha outras nove, não descansará enquanto não encontrar a décima. Para isso, sai revirando os móveis, vasculhando a casa inteira. Todas as outras tarefas podem esperar. Somente uma importa. A moeda perdida tem um valor imenso para ele. Portanto, não descansará enquanto não a encontrar. Essa moeda que ele procura é você.

> Existe uma razão para o para-brisa ser maior que o retrovisor: o futuro importa mais que o passado. Deus está pronto para escrever um novo capítulo em sua vida. A exemplo de Paulo, declare: "[...] esquecendo-me das coisas que ficaram para trás e avançando para as que estão adiante, prossigo para o alvo, a fim de ganhar o prêmio do chamado celestial de Deus em Cristo Jesus" (Filipenses 3:13-14).

> Portanto, se você se perdeu, por pouco ou por muito, e está curioso para saber o que Deus fará, lembre-se:

Meus versículos de esperança

Como pastor, ele cuida de seu rebanho, com o braço ajunta os cordeiros e os carrega no colo [...].
Isaías 40:11

_____
_____
_____
_____
_____

Pensamentos de ansiedade que desejo me libertar

_____
_____

Promessa de Deus para mim

A graça de Deus é maior que minha culpa. Ele me busca e me chama pelo nome. Ele não descansará enquanto não me levar para casa.

Minha oração

_____
_____

DIA 27

O amanhã

"Portanto, não se preocupem com o amanhã, pois o amanhã trará as suas próprias preocupações. Bastam a cada dia os seus próprios problemas."

MATEUS 6:34

Um atleta de triatlo me contou que o segredo de seu sucesso era dividir a extensa corrida em várias etapas menores. Não pense em nadar 3,8 quilômetros; pense em chegar até a próxima boia. Não pense em pedalar 20 quilômetros; pense em pedalar 10, descansar, então pedalar mais 10. Nunca se proponha a enfrentar algo maior que o desafio que está à sua frente.

Não foi exatamente o que Jesus disse? "Portanto, não se preocupem com o amanhã, pois o amanhã trará as suas próprias preocupações. Bastam a cada dia os seus próprios problemas." (Mateus 6:34).

Encare os desafios por etapas. Não é possível se manter concentrado o tempo todo, mas é possível se concentrar por uma hora. Obter um diploma de graduação pode parecer impossível, mas estudar um semestre é plausível, ler um livro por semana é realizável. É possível completar uma longa corrida dividindo-a em etapas menores.

Você não tem sabedoria para tratar problemas futuros, mas terá quando o futuro chegar. Você não tem recursos para suprir necessidades futuras, mas terá quando o futuro chegar. Você não tem coragem para enfrentar desafios futuros, mas terá quando o futuro chegar.

> Quantas vezes saímos por aí carregando problemas futuros? Mais que isso, quantas vezes nos recusamos a abandoná-los, mesmo quando se mostram cada vez mais pesados? É um fardo que nos oprime e

> rouba a alegria que estava reservada para o dia de hoje. Toda vez que preocupações com o futuro oprimirem você, lembre-se:

Meus versículos de esperança

"Eu disse isso para que em mim vocês tenham paz. Neste mundo, vocês terão aflições; contudo, tenham coragem! Eu venci o mundo."

João 16:33

___
___
___
___
___

Pensamentos de ansiedade que desejo me libertar

___
___
___

Promessa de Deus para mim

Deus me guiará por entre os desafios de hoje e tomará conta de mim amanhã. Seu auxílio sempre vem em tempo oportuno.

Minha oração

___
___

DIA 28

Oração e paz

Então, a paz de Deus, que excede todo o entendimento, guardará o coração e os pensamentos de vocês em Cristo Jesus.
FILIPENSES 4:7

Orar com fé nos traz a paz de Deus. Não uma paz terrena, incerta e arbitrária, mas a paz de Deus, importada do céu. Deus nos oferece a mesma tranquilidade que permeia a sala do trono divino.

Você acha que Deus sofre de ansiedade? Que fica com as mãos suadas ou pede aos anjos que lhe tragam algum antiácido para seu estômago quando fica nervoso? Claro que não. Para Deus, qualquer problema é como um graveto pisoteado por elefantes. Deus desfruta paz perfeita porque tem poder perfeito.

Ele oferece essa mesma paz a você, uma paz capaz de conservar sua mente e seu coração à medida que você confia em Cristo Jesus. Paulo usa uma metáfora militar nesse versículo. Os filipenses habitavam uma cidade guarnecida e estavam acostumados a observar os soldados romanos sempre de prontidão. Caso algum inimigo desejasse tomar a cidade, teria de passar primeiro pelos guardas. Deus oferece a mesma coisa a você: uma paz sobrenatural que vigia sua vida e protege seu coração.

Deus está atento a sua situação. Ele monitora sua vida. Se você prestar bastante atenção, poderá ouvi-lo dizer: "Está tudo sob controle. Pode descansar sossegado." Por meio do poder de Deus, você não andará ansioso "por coisa alguma" (Filipenses 4:6) e descobrirá a paz "que excede todo o entendimento" (Filipenses 4:7). Deus não se preocupa, não fica tenso nem nervoso nem ofegante, embora saiba que muitas vezes agimos exatamente assim. Sempre que você sentir necessidade da paz de Deus, lembre-se:

Meus versículos de esperança

Tu guardarás em perfeita paz aquele cujo propósito está firme, porque ele confia em ti.

Isaías 26:3

_____
_____
_____
_____
_____

Pensamentos de ansiedade que desejo me libertar

_____
_____
_____

Promessa de Deus para mim

O poder de Deus é perfeito, portanto, posso desfrutar de uma paz perfeita. Ele me guarda e me protege.

Minha oração

_____
_____

DIA 29

Imersos no amor de Deus

No amor não há medo; pelo contrário,
o perfeito amor expulsa o medo [...].
1João 4:18

Por medo de sermos rejeitados, imitamos as multidões. Por medo de nos sentirmos inadequados, corremos atrás de drogas. Por medo de sermos diferentes, vestimos o que os outros vestem. Por medo de sermos iguais, vestimos o que ninguém mais veste. Por medo de dormir sozinhos, dormimos com quem aparecer na frente. Por medo de não sermos amados, buscamos amor nos lugares errados.

Deus, porém, expulsa nossos medos. Pessoas imersas no amor de Deus não se vendem para conquistar o amor dos outros. Mais que isso, não se vendem para conquistar o amor de Deus.

Você considera necessário transigir? Você imagina que Deus o amará mais se praguejar menos, estudar mais, empenhar-se mais? Pare e sinta o fedor de Satanás impregnado nessas ideias. Todos nós precisamos melhorar, mas não precisamos conquistar o amor de Deus. Nossa vida é transformada porque já somos amados por Deus, por meio de seu amor perfeito.

Amor perfeito é simplesmente isto: o conhecimento perfeito do passado e visão perfeita do futuro. Deus não se abala com as coisas que você faz. Jamais olhará para você e dirá: "Por essa nem eu esperava!" Deus conhece toda sua história, caro leitor, desde seu primeiro choro até seu suspiro final, e mesmo assim ele afirma: "Você é meu."

> A rejeição pode causar muito sofrimento. E, no mundo em que vivemos, nos deparamos com a rejeição a todo instante. O simples

medo de sermos rejeitados já é um obstáculo para prosseguir, dar o próximo passo ou recuperar o fôlego. Sempre que o medo da rejeição assombrar você, busque pelo amor perfeito de Deus e lembre-se:

Meus versículos de esperança

Pois vocês não receberam um espírito de escravidão, para novamente temerem, mas receberam o Espírito que os torna filhos por adoção, por meio do qual clamamos: "*Aba*, Pai".

ROMANOS 8:15

___
___
___
___

Pensamentos de ansiedade que desejo me libertar

___
___
___

Promessa de Deus para mim

Deus não me rejeitará. Eu pertenço a ele e seu
amor por mim é perfeito e eterno.

Minha oração

___
___

DIA 30

Jesus trata nossos medos com seriedade

*"Não tenham medo, pequeno rebanho, pois foi
do agrado do Pai dar o reino a vocês."*
Lucas 12:32

O medo é uma coisa terrível: suga a vida da alma, nos faz retorcer igual a um embrião, drena toda a nossa alegria. Quando o medo se instala, o sentimento de segurança se transforma em um deus e a partir daí a pessoa começa a adorar uma vida sem riscos. Esse idólatra seria capaz de realizações magníficas? Uma pessoa aversa a riscos seria capaz de realizar feitos nobres? Para Deus? Para os outros? Não. O temeroso não tem condições de amar profundamente, pois amar é muito arriscado. O medroso não consegue ajudar o pobre, pois agir com benevolência não traz garantia de retorno. O receoso não consegue ter sonhos grandiosos, pois seus sonhos podem estourar e se estilhaçar no chão. A idolatria da segurança emascula a grandeza. Não é de admirar que Jesus falou sobre o medo com tanta ênfase.

O primeiro mandamento mais comum de Jesus está associado ao medo. Os evangelhos trazem 125 mandamentos imperativos de Jesus. Destes, 21 nos exortam contra o medo por meio de expressões como "não tenha medo", "não temas", "tenha coragem", "tenha bom ânimo." O segundo mandamento mais comum, amar a Deus e ao próximo, aparece apenas oito vezes. Tomando o fator quantidade como parâmetro, está claro que Jesus trata nossos medos com seriedade. Afinal, o mandamento que ele mais declarou foi "não tenha medo."

"Não tenha medo." Fácil dizer, mas *difícil* praticar. Entretanto, nosso Senhor nunca nos ordena algo sem fornecer as ferramentas necessárias para obedecermos. Ele nos equipa com sua presença e sua força e nos cobre com sua proteção. Sempre que o medo bater à porta de seu coração, lembre-se:

Meus versículos de esperança

O próprio Senhor irá à sua frente e estará com você; ele nunca o deixará nem o abandonará. Não tenha medo! Não desanime!

Deuteronômio 31:8

Pensamentos de ansiedade que desejo me libertar

Promessa de Deus para mim

Jesus trata meus medos com seriedade. Seu amor e proteção se estendem a todos os detalhes da minha vida. Posso confiar que ele está sempre cuidando de mim.

Minha oração

DIA 31

Ele sabe como você se sente

*Porque, tendo em vista o que ele mesmo sofreu quando foi tentado,
é capaz de socorrer aqueles que também estão sendo tentados.*
HEBREUS 2:18

Jesus se enfureceu a ponto de purificar o templo; teve fome a ponto de comer grãos crus; perturbou-se a ponto de chorar em público; alegrou-se a ponto de ser chamado de bêbado; era uma pessoa simples a ponto de atrair crianças; fatigou-se a ponto de adormecer em um barco açoitado por uma tempestade; era pobre a ponto de dormir no chão e tomar emprestado uma moeda para ilustrar um sermão; foi radical a ponto de ser expulso de uma cidade; era responsável a ponto de prover para sua mãe; foi tentado a ponto de sentir o cheiro de Satanás; teve medo a ponto de suar sangue.

Por que Jesus passou por tudo isso? Por que o Filho mais enaltecido do céu suportou as piores dores terrenas? Para que você soubesse que "ele é capaz de atender ao clamor daqueles que estão sendo tentados e testados e provados."

Seja qual for a situação que você esteja enfrentando, Jesus sabe como você se sente.

Se você *vai* até ele em busca de ajuda, ele *vem* até você para ajudá-lo. Por quê? Porque ele sabe como você se sente, pois já passou pela mesma situação.

Todos nós já passamos por situações semelhantes, por exemplo, lutar contra uma tentação ou enfrentar uma crise emocional. E passamos por essas coisas convictos de que ninguém mais é capaz de compreender nossa situação. Consequentemente, nos sentimos isolados, presos e amedrontados. "O que Jesus vai pensar de mim agora?", questionamos com preocupação. Sempre que você imaginar que ninguém, nem mesmo Jesus, é capaz de compreender o que você está enfrentando, lembre-se:

Meus versículos de esperança

[...] pois não temos um sumo sacerdote que não possa compadecer-se das nossas fraquezas, mas sim alguém que, como nós, passou por todo tipo de tentação, ainda que sem pecado.

HEBREUS 4:15

Pensamentos de ansiedade que desejo me libertar

Promessa de Deus para mim

Jesus pode me ajudar com *qualquer coisa*. Ele me compreenderá, pois já esteve no mesmo lugar que eu.

Minha oração

DIA 32

Olhe para a glória dele

*O Senhor falava com Moisés face a face,
como quem fala com um amigo.*
Êxodo 33:11a

Moisés fez um pedido a Deus: "[...] deixa que eu veja a tua glória" (Êxodo 33:18, NTLH).

Em outras palavras, "Mostra-me teu esplendor", isto é, "Mostra-me teus bíceps, deixa eu ver o S estampado em teu peito, mostra-me tua maravilhosa e estupenda magnificência."

Por que Moisés desejava ver a grandiosidade de Deus?

Faça essa pergunta a si mesmo. Por que você se encanta com o pôr do sol, se maravilha com noites estreladas, se deslumbra com o arco-íris ou com a vista das Cataratas do Iguaçu? Como você explica seu fascínio por essas coisas?

Beleza? Sim, mas essa beleza não aponta para a grandiosidade de Alguém? A imensidão do oceano não insinua a imensidão do Criador? O ritmo dos pássaros e das belugas migratórias não são indícios de uma mente criadora brilhante? Não é isso o que desejamos, um Criador maravilhoso? Um Criador imenso? Um Deus poderosíssimo, capaz de comandar pássaros e peixes?

"Mostra-me tua graça, Senhor", implorou Moisés.

Pedidos assim representam uma mudança de mentalidade. Cruzamos um limiar quando nosso desejo mais profundo não é por coisas nem por ajuda, mas pelo próprio Deus. Passamos a nos concentrar mais em Deus que em nós mesmos. Mais Deus, menos eu.

Basta uma olhada para o céu, à noite ou durante o dia, para perceber a assombrosa magnificência de Deus, seu poder incomensurável e infinito. O medo e a dúvida diriam que nada somos diante de tal imensidão e poder. Apesar disso, Deus diz: "Eu o vejo e você me pertence." Portanto, sempre que sentir medo de se perder diante da vastidão de Deus, lembre-se:

Meus versículos de esperança

Quando contemplo os teus céus, obra dos teus dedos, a lua e as estrelas que ali firmaste, pergunto: "Que é o homem, para que com ele te importes? E o filho do homem, para que com ele te preocupes?". Tu o fizeste um pouco menor do que os anjos e o coroaste com glória e com honra.

Salmos 8:3-5

_____

_____

Pensamentos de ansiedade que desejo me libertar

_____

_____

Promessa de Deus para mim

Deus é infinito e todo-poderoso, mas também é alguém pessoal. Ele me vê, me conhece e me ama.

Minha oração

_____

_____

DIA 33

Um novo dia

*As promessas de Deus, portanto, são concedidas a
nós por meio da fé, como presente, de graça.*
Romanos 4:16a, NBV

Nosso problema está menos no fato de Deus não nos conceder o que esperamos e mais no fato de não sabermos quais coisas apropriadas devemos buscar. (Sugiro que leia a frase outra vez.)

Ter esperança não se refere às nossas expectativas, mas a tudo aquilo que jamais sonharíamos em pedir. É como uma história fabulosa e surreal cujo desfecho nos deixa pasmos. É Abraão ajustando os óculos não para ver um neto, mas um filho. É Moisés enfim na terra prometida, não ao lado de Arão ou Miriã, mas de Elias e de Jesus transfigurado.

Esperança não é ter um desejo atendido ou um favor concedido. É muito mais que isso. É uma dependência simplória e imprevisível em um Deus que ama nos deixar boquiabertos e observar pessoalmente nossa reação.

Um novo dia aguarda você. Uma nova era em que você se preocupará menos e confiará mais. Uma vida com menos medo e recheada de fé. Você consegue se imaginar vivendo sem nenhuma preocupação? Deus consegue. E, com a ajuda dele, você experimentará essa nova vida.

> Desejamos que nossos medos desapareçam. Oramos para que nossas ansiedades, pânicos e temores sumam de nossa vida. Entretanto, tudo isso retorna para nos assombrar no meio da noite, momento em que baixamos a guarda. Infiltram-se sorrateiramente e sugam nossa força e coragem, a ponto de indagarmos se Deus está de fato

> trabalhando em nossa vida e a nosso favor. A resposta é sim, ele está! Sempre que a dúvida se instalar, ouse manter a esperança e lembre-se:

Meus versículos de esperança

[...] Deus que, por seu grandioso poder que atua em nós, é capaz de realizar infinitamente mais do que poderíamos pedir ou imaginar.

EFÉSIOS 3:20, NVT

_____
_____
_____

Pensamentos de ansiedade que desejo me libertar

_____
_____

Promessa de Deus para mim

Deus está trabalhando em minha vida. Ele me abençoará de modo surpreendente e suas bênçãos serão maiores que sou capaz de imaginar.

Minha oração

_____
_____

DIA 34

Você é bom

Sejam bondosos e compassivos uns para com os outros, perdoando-se mutuamente, como Deus os perdoou em Cristo.
EFÉSIOS 4:32

Nosso Pai celestial é bondoso conosco. Consequentemente, não poderíamos ser um pouquinho mais bondosos com nós mesmos também? "Ah, mas você não me conhece, não conhece meus defeitos e meus pensamentos, não conhece minhas lástimas e murmurações." De fato, não conheço, mas Deus conhece. Ele sabe tudo a seu respeito, e mesmo assim é bondoso com você. Alguma vez o Senhor, que conhece todos os seus segredos, deixou de cumprir alguma promessa ou de entregar alguma bênção?

Não, pois ele é bondoso com você. Portanto, por que você não é bondoso consigo mesmo? Ele perdoa seus defeitos, mas por que você não se perdoa? Ele crê em você o bastante para chamá-lo de embaixador, seguidor e até de filho. Por que você não segue o exemplo dele e começa a crer em si mesmo?

Para Deus, você é *bom*. Seja bondoso com você mesmo. Para Deus, você é digno da bondade dele. E Deus sabe julgar muito bem o caráter das pessoas.

> Deus é bondoso. Portanto, não podemos ser bondosos com nós mesmos? Não podemos substituir nosso monólogo mental pelas promessas dele? Sempre que o mundo agir com maldade e você sentir dificuldade para ser bondoso consigo mesmo, lembre-se:

Meus versículos de esperança

Contudo, quando, da parte de Deus, o nosso Salvador, a bondade e o amor pelos homens foram manifestos, não por atos de justiça por nós praticados, mas por causa da sua misericórdia, ele nos salvou pelo lavar regenerador e renovador do Espírito Santo.

Tito 3:4-5

Pensamentos de ansiedade que desejo me libertar

Promessa de Deus para mim

Deus jamais retém sua bondade para comigo. Ele me perdoa, me ama e tem um propósito para mim.

Minha oração

DIA 35

O caminho

Jesus respondeu: "Eu sou o caminho, a verdade e a vida. Ninguém vem ao Pai, a não ser por mim."
João 14:6

Uma crônica conta a história de um sujeito em um safári no meio da selva africana. Ele segue um guia que vai à frente abrindo caminho pelo mato com um facão. A certa altura, cansado e ensopado de suor, pergunta ao guia com frustração:

— Onde estamos? Você sabe para onde está me levando? Cadê a trilha?

O guia experiente para, olha para trás e responde:

— Eu sou a trilha.

Fazemos a mesma pergunta para Deus: "Onde o Senhor está me levando? Cadê o caminho?", e ele, a exemplo do guia, não nos informa. Talvez dê uma ou outra dica, mas é só. Ora, se ele respondesse, será que compreenderíamos? Saberíamos interpretar o lugar em que nos encontramos? Não. A exemplo do sujeito acima, não conhecemos a selva em que estamos. Portanto, em vez de nos informar, Jesus nos concede algo muito melhor: ele se oferece para caminhar conosco.

Ele remove a selva? Não, ainda tem mato por toda parte.

Ele elimina os predadores? Não, ainda há perigos para todo lado.

Jesus não muda a selva para nos trazer esperança. Antes, restaura nossa esperança ao nos oferecer a si mesmo. E mais: ele prometeu caminhar conosco até o final. "E lembrem-se disto: estou sempre com vocês, até o fim dos tempos." (Mateus 28:20b, NVT).

Todos nós precisamos nos lembrar disso. Todos. Sempre que você não conseguir enxergar o caminho, lembre-se de que Jesus é o caminho.

Muitas vezes o mundo parece uma selva e nos sentimos como se estivéssemos abrindo caminho por entre a mata fechada, sem nenhuma certeza de que estamos seguindo na direção certa. A próxima vez que você se sentir perdido no meio da selva, lembre-se:

Meus versículos de esperança

"Não fui eu que ordenei a você? Seja forte e corajoso! Não se apavore nem desanime, pois o Senhor, o seu Deus, estará com você por onde você andar."

Josué 1:9

_____
_____
_____

Pensamentos de ansiedade
que desejo me libertar

_____
_____
_____

Promessa de Deus para mim

Jesus conhece o caminho porque ele é o Caminho. Portanto, posso segui-lo tranquilamente. Ele sempre estará comigo.

Minha oração

_____
_____

DIA 36

Paz e serenidade

Lancem sobre ele toda a sua ansiedade, porque ele cuida de vocês.
1Pedro 5:7

Abaixo uma lista de oito atitudes para acabar com qualquer preocupação.

1. *Antes de tudo, ore*. Não fique andando para lá e para cá na sala de espera; ore para que a cirurgia seja bem-sucedida. Não se lamente por um investimento que fracassou; peça ajuda a Deus.

2. *Tenha calma. Vá devagar*. Avalie o problema. Leve-o para Jesus e diga claramente o que está acontecendo.

3. *Aja imediatamente*. Lide com suas preocupações no momento em que elas aparecerem. Não fique remoendo.

4. *Faça uma lista de preocupações*. Passe alguns dias registrando suas ansiedades e depois reavalie cada uma delas. Quantas se transformaram em realidade?

5. *Agrupe suas preocupações por categorias*. Sua lista revelará temas recorrentes que lhe causam ansiedade. Ore especificamente por esses pontos.

6. *Concentre-se no dia de hoje*. Deus supre nossas necessidades cotidianas diariamente, não semanalmente nem anualmente. Ele proverá o que você necessita no momento certo.

7. *Compartilhe*. Divida seus sentimentos com amigos mais chegados. Peça a eles que orem com e por você.

8. *Dependa apenas de Deus*. Buscar em primeiro lugar o reino das riquezas faz com que nos preocupemos com cada centavo, que suemos com cada problema financeiro. Em contrapartida, todo aquele que busca em primeiro lugar o reino de Deus o encontra. Dele sim podemos depender.

Não deixe a ansiedade se instalar em sua vida. Dependa apenas de Deus.

A preocupação pode assombrar nossa vida como nuvens escuras de tempestade. Como controlar a ansiedade? Dando um passo de cada vez, sempre nos aproximando mais e mais de nosso Pai. Sempre que precisar de força e coragem para dar o primeiro passo, lembre-se:

Meus versículos de esperança

"Vocês me procurarão e me acharão quando me procurarem de todo o coração."

JEREMIAS 29:13

_____
_____
_____
_____

Pensamentos de ansiedade que desejo me libertar

_____
_____

Promessa de Deus para mim

Deus é suficiente. Eu o encontrarei se o buscar, e nele terei paz.

Minha oração

_____
_____

DIA 37

Dentro do alcance

Jesus, porém, bradando novamente em alta voz, entregou o espírito. Naquele momento, o véu do templo rasgou-se em duas partes, de alto a baixo [...].
MATEUS 27:50-51

É como se mãos celestiais segurassem aquele véu, apenas aguardando o momento exato. O véu do santuário era uma cortina com aproximadamente 18 metros de altura por 10 metros de largura. De um momento para o outro, essa cortina foi rasgada em duas partes, de alto a baixo, sem atraso, sem hesitação.

O que significa o véu rasgado? Para os judeus, significa o fim da barreira entre eles e o Santo dos Santos. Não havia mais necessidade de os sacerdotes intercederem entre Deus e o povo. Não havia mais necessidade de sacrificar animais para expiação de pecados.

E o que significa para nós? Significa que somos bem-vindos diante de Deus, que podemos nos apresentar a ele a qualquer momento e lugar. Deus removeu a barreira que nos separava dele. Sim, a barreira do pecado foi removida por ele.

Hoje Deus recebe você com boas-vindas. Deus não foge de você, não se opõe a você. O véu foi removido, a porta está aberta, e Deus o convida a entrar.

> Podemos obter paz porque a presença de Deus está ao nosso alcance. Por que, então, hesitamos em buscar a Deus? O que nos impede de atravessar o véu rasgado e entrar na sala do trono do Senhor? Timidez? Vergonha? Medo? Preocupação? Seja o que for, não vem de Deus, pois ele nos convida a entrar e ali somos bem recebidos.

> Sempre que o medo e a dúvida criarem uma barreira entre você e a paz de Deus, lembre-se:

Meus versículos de esperança

Assim, aproximemo-nos do trono da graça com toda confiança, a fim de recebermos misericórdia e encontrarmos graça que nos ajude no momento da necessidade.

HEBREUS 4:16

_____
_____
_____
_____

Pensamentos de ansiedade que desejo me libertar

_____
_____
_____

Promessa de Deus para mim

A barreira foi removida. Sou bem-vindo à presença de Deus a qualquer momento e em sua presença encontrarei paz.

Minha oração

_____
_____

DIA 38

Conheça suas aptidões

[...] e Deus, que é soberano, irá tornar real em vocês a mais excelente harmonia.
FILIPENSES 4:9, A MENSAGEM

Você é mais que uma chance de estatística, mais que uma combinação de genética e cultura, mais que uma confluência de cromossomos e traumas de infância, mais que um cata-vento chicoteado pelos ventos gelados do destino. Pela graça de Deus, você foi esculpido "do nada até ser alguma coisa" (Salmos 139:15, A Mensagem).

Deus não cria seres humanos por meio de moldes pré-fabricados ou de produção em massa, nem o faz de maneira desleixada. "Eu farei novas todas as coisas!", diz o Senhor (cf. Apocalipse 21:5). Ele não formou você a partir de seu avô ou de sua tia, mas de uma maneira pessoal e deliberada.

Você pode fazer algo que ninguém mais pode fazer e de uma forma que nenhum outro é capaz. Descobrir e praticar aquilo que torna você único traz honra para Deus e expansão para seu reino. Portanto: "Cada um examine os próprios atos e, então, poderá ter orgulho de si mesmo, sem se comparar com ninguém" (Gálatas 6:4).

Descubra e coloque em prática suas aptidões. Deus se alegra quando você faz o máximo possível com aquilo que sabe fazer bem. Haveria coisa melhor?

Cada ser humano foi criado por Deus de maneira pessoal e deliberada. Nossa individualidade, além de ser proposital, também serve aos propósitos de Deus e pode nos trazer muita alegria. Entretanto, o mundo tende a valorizar a conformidade acima da individualidade. Sempre que o mundo minimizar, fazer mau uso ou interpretar erroneamente suas aptidões; sempre que o empurrar para a linha de produção da mediocridade, lembre-se:

Meus versículos de esperança

O Senhor cumprirá seus planos para minha vida, pois teu amor, ó Senhor, dura para sempre [...].
Salmos 138:8, NVT

_____
_____
_____

Pensamentos de ansiedade que desejo me libertar

_____
_____

Promessa de Deus para mim

Sou obra das mãos de Deus. Ele me criou diferente dos demais seres humanos. Minhas aptidões me foram concedidas propositalmente por ele. Eu louvo e engrandeço o Senhor sempre que as coloco em prática.

Minha oração

_____
_____

DIA 39

Obra de arte divina

Somos obra-prima de Deus.
CF. EFÉSIOS 2:10

Mais de um século atrás, um grupo de pescadores se divertia em uma taberna escocesa à beira-mar quando um deles, em gesticulação exagerada, bateu com o braço na bandeja de uma garçonete e catapultou um bule de chá contra a parede caiada.

— A parede inteira terá de ser repintada — concluiu o dono da estalagem depois de avaliar o estrago.

— Talvez não — propôs um hóspede. — Se me permitir, posso consertar.

Sem nada a perder, o proprietário consentiu. Então, o sujeito abriu uma caixa de pintura, pegou pincéis e tintas e se pôs a trabalhar. Em pouco tempo começou a aparecer uma imagem de um cervo com chifres enormes. Terminada a obra, o sujeito assinou embaixo, pagou sua refeição e foi embora. Seu nome era Edwin Landseer, famoso pintor de animais.

Nas mãos de Landseer, um equívoco se transformou em obra de arte. Deus faz a mesma coisa o tempo todo. Ele vê as manchas de nossa vida e as usa para exprimir seu amor.

> Quantas vezes chegamos ao final do dia preocupados com os erros que cometemos e as oportunidades que desperdiçamos? Quanto tempo gastamos nos preocupando com essas coisas? Entretanto, e se tudo isso for parte de uma obra de arte em andamento? Sempre que você se surpreender ou se preocupar com o que Deus pensa a seu respeito, lembre-se:

Meus versículos de esperança

"Sou eu, eu mesmo, aquele que apaga as suas transgressões por amor de mim e que dos seus pecados já não se lembra."
Isaías 43:25

___
___
___
___
___
___
___

Pensamentos de ansiedade que desejo me libertar

___
___
___

Promessa de Deus para mim

Meus erros não diminuem o amor de Deus por mim. Seu perdão está sempre à minha disposição. Ele é capaz até de transformar meus erros em obra de arte.

Minha oração

___
___
___

DIA 40

Amor onisciente

Ó profundidade da riqueza da sabedoria e do conhecimento de Deus! Quão insondáveis são os seus juízos e inescrutáveis os seus caminhos!
ROMANOS 11:33

A onisciência de Deus governa sua onipotência. Conhecimento infinito governando força infinita. "A sua sabedoria é profunda, e o seu poder é imenso" (Jó 9:4a). "Deus é quem tem sabedoria e poder" (Jó 12:13a).

Deus conhece você tão completamente quanto conhece o universo.

Antes mesmo que a palavra me chegue à língua, tu, SENHOR, já a conheces inteiramente. [...] Os teus olhos viram o meu embrião; todos os dias determinados para mim foram escritos no teu livro antes de qualquer um deles existir. (Salmos 139:4,16)

O véu que encobre sua visão e a minha não encobre a de Deus. Palavras não ditas são para ele como se tivessem sido faladas. Pensamentos ocultos são para ele como se tivessem sido manifestados. Coisas que não aconteceram são para ele como se fossem parte da história. Ele conhece o futuro, o passado, o oculto e o não dito. Não existe nada encoberto para Deus. Ele é onipotente, onisciente e *onipresente*.

Em nossos momentos mais solitários, aquele que formou nosso ser interior e no ventre nos teceu nos oferece amizade e intimidade sem igual.

Deus criou nosso interior e nosso exterior. Ele nos conhece melhor que qualquer outra pessoa. O amor de Deus não está fundamentado em informações incompletas. Com seu conhecimento e sabedoria infinitos, ele conhece detalhadamente todo nosso passado e futuro, e mesmo assim nos ama.

Meus versículos de esperança

Se algum de vocês tem falta de sabedoria, peça-a a Deus, que a todos dá generosamente sem reprovar ninguém, e lhe será concedida.

TIAGO 1:5

_____
_____
_____

Pensamentos de ansiedade que desejo me libertar

_____
_____
_____

Promessa de Deus para mim

Deus me conhece totalmente, me ama com perfeição e sua amizade comigo é eterna.

Minha oração

_____
_____

DIA 41

Palavras de consolo

Que a palavra de Cristo habite plenamente em vocês.
COLOSSENSES 3:16A

"Pois a palavra de Deus é viva, eficaz [...]" (Hebreus 4:12). Nenhum outro livro jamais foi descrito dessa maneira.

"Viva, eficaz." As palavras da Bíblia têm vida! Substantivos com pulsação; adjetivos com musculatura; verbos que se movimentam em cada página. Deus opera por meio dessas palavras. A Bíblia está para Deus como a luva cirúrgica está para o médico. É por meio delas que Deus toca nosso íntimo.

Alguma vez você sentiu o toque de Deus?

Em momentos de solidão, a palavra dele o consola como um abraço apertado: "Nunca o deixarei, jamais o abandonarei" (Hebreus 13:5b).

Se a ansiedade corrói sua paz, a palavra dele traz alívio para sua alma: "Não andem ansiosos por coisa alguma, mas em tudo, por meio da oração e da súplica, com ação de graças, apresentem os seus pedidos a Deus" (Filipenses 4:6).

Faça uso destas palavras. *"Que a palavra de Cristo habite plenamente em vocês"* (Colossenses 3:16).

Todos nós precisamos de uma palavra de consolo. E Deus está sempre disposto a nos consolar.

A Palavra de Deus é um tesouro inestimável, fonte infinita de orientação, instrução e sustentação. Portanto, sempre que seu coração estiver ansioso e em busca de consolação, lembre-se:

Meus versículos de esperança

"Mas bendito é o homem que confia no Senhor, cuja confiança nele está. Ele será como uma árvore plantada junto às águas e que estende as suas raízes para o ribeiro [...]"
Jeremias 17:7-8

___

Pensamentos de ansiedade que desejo me libertar

___

Promessa de Deus para mim

A Palavra de Deus é verdadeira, é viva, é eficaz,
me traz consolo e me une a Cristo.

Minha oração

___

DIA 42

O grande doador

"[...] não se preocupem com a própria vida [...] não busquem o que comer ou beber; não se preocupem com isso."
Lucas 12:22,29

Acumular riquezas é uma estratégia comum para escapar do medo. Por medo de perdermos nosso emprego, plano de saúde ou aposentadoria, acumulamos bens com a ideia de que ter mais dinheiro significa ter mais segurança.

De fato, se Deus não existisse, acumular riquezas seria a única atitude sensata para enfrentar as incertezas do futuro. Entretanto, Deus existe e não gosta que seus filhos confiem no dinheiro.

O salmo 104 comemora a criação com 23 versículos que trazem uma lista de bênçãos: os céus e a terra, os mares e os rios, árvores, pássaros, gado, vinho, azeite, pão, pessoas e leões. Deus é a fonte de "inúmeras criaturas, seres vivos, pequenos e grandes" (Salmos 104:25).

Deus é o grande rio, o grande provedor. Absolutamente generoso e totalmente confiável. A mensagem retumbante e persistente das Escrituras é clara: Deus é dono de toda a criação e compartilha conosco tudo o que criou.

A pressão está por toda parte: contas para pagar, família para alimentar, prazos para cumprir. É muito fácil pensar que tudo depende somente de nosso esforço. Entretanto, é justamente esse pensamento que resulta em cansaço, estresse e ansiedade. Em contrapartida, a solução é tão simples que parece difícil acreditar: Deus é dono de tudo *e* compartilha tudo conosco. A próxima vez que a preocupação assombrar seus pensamentos, lembre-se:

Meus versículos de esperança

Temam o Senhor, vocês que lhe são fiéis, pois os que o temem terão tudo de que precisam. Até mesmo os leões jovens e fortes passam fome, mas aos que buscam o Senhor nada de bom faltará.

Salmos 34:9-10, NVT

_____
_____
_____
_____
_____
_____
_____

Pensamentos de ansiedade que desejo me libertar

_____
_____
_____

Promessa de Deus para mim

Deus é generosíssimo e prometeu suprir todas as minhas necessidades. Ele compartilha suas riquezas comigo e cuida de mim.

Minha oração

_____
_____
_____

DIA 43

Não me sinto em casa

*Queridos amigos, lembrem que vocês são
estrangeiros de passagem por este mundo.*
1Pedro 2:11a, NTLH

Seu Pastor sabe que você não foi criado para este mundo. Ele sabe que você não está equipado para viver aqui. Portanto, ele veio para tirar você deste lugar.

Ele veio restaurar sua alma. Ele é o único capaz de fazer isso.

Ele tem a perspectiva correta e chama sua atenção para o fato de que você é um estrangeiro de passagem por este mundo. Ele insiste que você eleve seus olhos da selva em que vive e contemple o céu.

Ele também sabe a direção certa e fez a proclamação mais ousada da história quando disse: "Eu sou o caminho" (João 14:6). Muitos duvidaram da veracidade dessa afirmação. Entretanto, Jesus a confirmou ao abrir uma trilha pela selva do pecado e da morte e sair vivo do outro lado. Ele é o único que conseguiu essa façanha e o único capaz de ajudar você a fazer a mesma coisa.

Quando você entregou sua vida nas mãos dele, Jesus assumiu a responsabilidade por sua vida. Ele garante que você chegará são e salvo ao seu destino final. Você é uma ovelha e ele é seu Pastor. Descanse, pois você não está sozinho: você pertence a Deus.

Não nos encaixamos bem neste mundo, não é mesmo? Temos dificuldade de acompanhar o ritmo da humanidade. E, embora a Bíblia declare que isso é uma coisa boa, raramente é tranquilo ou fácil de fazer, especialmente quando ansiamos por aceitação e pertencimento. Sempre que alguma situação o lembrar de que este mundo não é seu lar, lembre-se:

Meus versículos de esperança

"O Senhor o guiará constantemente; satisfará os seus desejos em uma terra ressequida pelo sol e fortalecerá os seus ossos. Você será como um jardim bem regado, como uma fonte cujas águas nunca faltam."

Isaías 58:11

_____
_____
_____
_____
_____
_____
_____

Pensamentos de ansiedade que desejo me libertar

_____
_____
_____

Promessa de Deus para mim

Não fui criado para este mundo. Eu pertenço a Deus e ele sempre tem espaço para mim à sua mesa e em sua família.

Minha oração

_____
_____
_____

DIA 44

Simplesmente porque você existe

Eu te exaltarei, Senhor, pois tu me reergueste [...].
Salmos 30:1

Deus nos conduz a um destino maravilhoso: ele está nos preparando para nos tornarmos esposa de Jesus, com quem viveremos, compartilharemos de seu trono e com ele reinaremos. Somos importantes e valiosos. Mais que isso, essa importância e valor são inerentes, intrínsecos!

Uma coisa que Jesus queria que todos compreendessem é o seguinte: os seres humanos têm valor simplesmente por serem pessoas. É por essa razão que Jesus tratava a todos da mesma maneira: perdoou uma garota pega em adultério; tocou um intocável que pediu cura para sua lepra; honrou um cego de beira de estrada; curou um velho viciado em autocomiseração no tanque de Siloé.

Preste atenção: o amor de Jesus não depende do que você faz para ele. De jeito nenhum. Para o Rei, você tem valor simplesmente porque existe. Você não precisa melhorar sua aparência nem seu desempenho. Seu valor é inerente. Ponto-final.

> Não parece que algumas vezes nossa vida depende de quanto ganhamos, de como desempenhamos nossas funções e até de nossa aparência física? A preocupação quase constante com essas coisas pode nos induzir a temer o fracasso e a arruinar nossa convicção, inclusive a convicção de que pertencemos a Deus. Sempre que você duvidar de quem você é e a quem pertence, lembre-se:

Meus versículos de esperança

"Porque sou eu que conheço os planos que tenho para vocês" — declara o SENHOR — "planos de fazê-los prosperar, não de causar dano, planos de dar a vocês esperança e um futuro."

JEREMIAS 29:11

_____
_____
_____
_____
_____
_____

Pensamentos de ansiedade que desejo me libertar

_____
_____
_____

Promessa de Deus para mim

O Senhor me ama simplesmente porque eu existo. Sou valioso para Deus. E ele tem um destino maravilhoso planejado para mim.

Minha oração

_____
_____
_____

DIA 45

A esperança está a um olhar de distância

Quando eu estiver com medo, confiarei em ti.
Salmos 56:3

De que maneira Jesus suportou o horror da crucificação? Em primeiro lugar, ele apresentou seus medos diante do Pai, ilustrando assim as palavras de Salmos 56:3: "Quando estiver com medo, confiarei em ti."

Faça a mesma coisa com seus medos. Não fuja do Jardim do Getsêmani. Ao contrário, corra para ele. Apenas tome cuidado para não entrar sozinho. E, quando estiver ali, seja honesto. Ali é permitido esmurrar o chão e derramar lágrimas. E, se você suar sangue, não será o primeiro. Siga o exemplo de Jesus e abra seu coração.

Entretanto, seja específico. "Afasta de mim este cálice", especificou Jesus em sua oração. Diga a Deus o número do seu voo, a duração de sua palestra, os detalhes de sua mudança de emprego. Deus tem todo o tempo do mundo para ouvir você. Mais que isso, ele é cheio de compaixão.

O Senhor não enxerga nossos medos como bobagens ou absurdos. Ele não dirá a você para "aguentar o tranco" ou "segurar as pontas." Jesus já passou pelas dificuldades que você está enfrentando. Ele sabe como você se sente e somente ele sabe do que você necessita.

Não olhe para o tamanho da montanha. Olhe para quem é capaz de movê-la. Em vez de carregar o peso do mundo sobre os ombros, olhe para aquele que administra o universo inteiro. A esperança está a um olhar de distância.

É fácil nos esquecermos de que Jesus era humano. Maravilhamo-nos com seus milagres e sua divindade (características importantíssimas para lembrarmos), porém esquecemos de que nosso Senhor compreende tudo que enfrentamos, uma vez que também passou pelas mesmas dificuldades. Tudo que enfrentamos hoje ele também enfrentou. Sempre que mudanças, problemas e preocupações induzirem você ao pânico e à dúvida, olhe para Jesus e lembre-se:

Meus versículos de esperança

Confiem nele em todos os momentos, ó povo; derrame diante dele o coração, pois Deus é o nosso refúgio.
Salmos 62:8

Pensamentos de ansiedade que desejo me libertar

Promessa de Deus para mim

Posso abrir meu coração para Jesus e expor meus medos detalhadamente. Ele compreenderá, pois também passou por essas mesmas coisas.

Minha oração

DIA 46

Na tempestade

Nele depositamos nossa esperança, e ele continuará a nos livrar.
2Coríntios 1:10b, NVT

Pedro e seus companheiros de embarcação perceberam que estavam em apuros. "[...] mas o barco já estava a considerável distância de terra, fustigado pelas ondas, porque o vento soprava em sentido contrário" (Mateus 14:24).

O que deveria ter sido uma travessia de uma hora se transformou em uma batalha que durou a noite toda. O barco balançava e arremetia como pipa na ventania. O vento castigava as velas, segurando o barco dos discípulos no meio do mar, "fustigado pelas ondas." Talvez seja uma descrição apropriada do momento que você está vivendo, não? Basta substituir alguns substantivos.

No meio de um divórcio, fustigado pela culpa.

No meio de uma dívida, fustigado por credores.

No meio de uma recessão, fustigado pela inflação.

Encharcados e congelados, os discípulos enfrentaram nove horas de tempestade. Por volta de 4h da madrugada, o inefável aconteceu: os discípulos viram alguém se aproximando por sobre as águas. "'É um fantasma!' E gritaram de medo" (Mateus 14:26b).

Eles não esperavam que Jesus viesse socorrê-los dessa maneira.

Nós também não. Todavia, é durante as tempestades que Jesus realiza suas obras mais excelentes, pois é em meio ao caos que dedicamos toda nossa atenção a ele.

> Muito falamos sobre Jesus estar sempre ao nosso lado, mas acreditamos nisso? Esperamos encontrá-lo no meio de nossas tempestades?

O estrondo das ondas e o uivo dos ventos podem nos cegar para a presença dele. Todavia, nunca duvide de que ele está ali. Sempre que tempestades ameaçarem virar seu barco, lembre-se:

Meus versículos de esperança

"Quando você passar pelas águas, eu estarei com você; quando passar pelos rios, eles não o encobrirão; quando passar pelo fogo, você não se queimará; as chamas não o deixarão em brasas. Pois eu sou o Senhor, o seu Deus, o Santo de Israel, o seu Salvador [...]."

Isaías 43:2-3

Pensamentos de ansiedade que desejo me libertar

Promessa de Deus para mim

Posso contar com Jesus em meio às minhas tempestades, pois ele está comigo e me levará para águas tranquilas.

Minha oração

DIA 47

Sem fim

Desta forma conhecemos o que é o amor: Jesus Cristo deu a sua vida por nós [...].
1João 3:16

É bom fazer parte de alguma coisa, mas isso nem sempre acontece. Universidades rejeitam você por não ter se saído bem no vestibular. Empresas rejeitam você por não possuir qualificação o bastante. Mais triste que isso, algumas igrejas rejeitam você por não ser bom o suficiente.

Embora outros possam rejeitar você, Cristo sempre acolhe você. Jesus exprimiu seu amor grandioso ao abrir os braços e mantê-los nessa posição por meio de pregos cravados nas mãos para que você soubesse que ele morreu amando você.

Mas deve haver um limite, não? Sem dúvida esse amor acaba em algum momento. Não é assim que pensamos? Entretanto, Davi, o adúltero, jamais encontrou esse limite. Paulo, o assassino, também não. Pedro, o mentiroso, idem. Em vida, esses três chegaram ao fundo do poço, mas jamais chegaram ao fundo do poço do amor de Deus.

Quão grande é o amor de Deus? Grande o bastante para abraçar o mundo inteiro. Você faz parte deste mundo? Então você também está incluso no amor de Deus.

Tratando-se de preocupação, muitas vezes parece que jamais encontraremos luz no fim do túnel. Basta resolver um problema para outros dois aparecem. Aquela preocupação que imaginávamos superada retorna em dose dupla. Apesar disso, a única coisa verdadeiramente eterna não é a preocupação, mas o amor de Cristo. Sempre que você perder de vista a vastidão do amor de Jesus, lembre-se:

Meus versículos de esperança

Pois estou convencido de que nem a morte, nem a vida, nem os anjos, nem os demônios, nem o presente, nem o futuro, nem poderes, nem altura, nem profundidade, nem ninguém em toda a criação será capaz de nos separar do amor de Deus que está em Cristo Jesus, o nosso Senhor.

Romanos 8:38-39

_____
_____
_____
_____
_____

Pensamentos de ansiedade que desejo me libertar

_____
_____
_____

Promessa de Deus para mim

O amor de Cristo não tem limite. Seu amor se estende ao infinito. Seu amor me cerca, me acolhe e me preenche.

Minha oração

_____
_____
_____

DIA 48

Ali o encontramos

> *De fato, eu, o Senhor, não mudo [...].*
> Malaquias 3:6

Suspeito que a coisa mais consistente em nossa vida seja a inconsistência da vida. Temos medo do desconhecido. É essa inconsistência aterrorizante que nos mantém assustados o tempo todo.

Apesar disso, foi justamente em meio a essa inconsistência que Deus experimentou seu momento mais marcante. Jamais o bem e o mal se entrelaçaram como na cruz. Jesus na cruz explicita o pior da humanidade e o melhor da divindade.

Deus não se deixa abalar pela maldade do mundo. Ele não se surpreende com a superficialidade de nossa fé ou a profundidade de nossas falhas. Ele conhece muito bem a situação do mundo e mesmo assim o ama. Quando imaginávamos um lugar em que Deus jamais estaria (em uma cruz), eis que ali o encontramos em carne e osso.

A paz de Deus transcende toda lógica, teoria e tentativas de explicá-la. Essa paz não é alcançada por meio de esforço humano. É uma dádiva celestial (João 14:27). É a mesma paz que manteve os pensamentos e o coração de Jesus puros em seu sofrimento na cruz. É a paz de Deus. E essa paz está disponível para você.

Uma vida de fé não garante imunidade contra os problemas. O mundo é um lugar em constante mudança, e essas mudanças nem sempre ocorrem conforme gostaríamos. Entretanto, embora a vida mude, a fidelidade de Deus para conosco jamais muda. Sempre que preocupações despertarem em você o desejo de experimentar a consistência de Deus neste mundo inconsistente, lembre-se:

Meus versículos de esperança

"Porque Deus tanto amou o mundo que deu o seu Filho Unigênito, para que todo aquele que nele crer não pereça, mas tenha a vida eterna."

João 3:16

_____
_____
_____
_____
_____
_____

Pensamentos de ansiedade que desejo me libertar

_____
_____
_____

Promessa de Deus para mim

Deus não muda. Seu amor não muda e suas promessas não mudam. Sempre que o busco, eu o encontro. Sempre que preciso de sua ajuda, lá está ele.

Minha oração

_____
_____
_____

DIA 49

Não se deixe enganar pelo nevoeiro

> [...] *esquecendo-me das coisas que ficaram para trás e avançando para as que estão adiante, prossigo para o alvo* [...].
> FILIPENSES 3:13-14

Em 1952, Florence Chadwick se dispôs a cruzar o mar gelado entre a Ilha Catalina e o litoral da Califórnia. Depois de nadar quinze horas em meio a nevoeiros e águas agitadas, Florence teve câimbras musculares e sua determinação esmoreceu. Ela implorou para sair da água, mas sua mãe, que a acompanhava de perto em um barco a remo, urgiu que não desistisse. Florence se esforçou, mas o cansaço venceu e ela desistiu de nadar. Alguns ajudantes a tiraram da água e a colocaram no barco. Depois de alguns minutos remando, o nevoeiro se dissipou e Florence percebeu que a praia estava a não mais que um quilômetro de distância. "Tudo que eu conseguia enxergar era o nevoeiro", comentou posteriormente em sua coletiva de imprensa. "Penso que teria conseguido chegar se tivesse visto a praia."

Observe atentamente a praia que aguarda você. Não se deixe enganar pelos nevoeiros do fracasso. O fim de sua empreitada pode estar a poucas braçadas de distância. Anjos e santos já se reúnem para aguardá-lo. Demônios observam em pânico. Continue nadando! Não saia da água. Não desista. Olhe para a praia.

Nevoeiros e águas agitadas descrevem com exatidão alguns momentos que enfrentamos no nosso dia a dia. É difícil prosseguir nadando quando não enxergamos a praia. Todavia, sabemos, por experiência

> própria, que a desistência vem acompanhada de arrependimento. Sempre que a luta exceder suas forças, lembre-se:

Meus versículos de esperança

"[...] sou eu aquele que os susterá. Eu os fiz e os levarei; eu os sustentarei e os salvarei."

Isaías 46:4

Pensamentos de ansiedade que desejo me libertar

Promessa de Deus para mim

O Senhor é o mestre de todos os mares da vida. Ele me ajudará a não afundar e me conduzirá à terra firme.

Minha oração

DIA 50

Para almas sedentas

"[...] Se alguém tem sede, venha a mim e beba. Quem crer em mim, como diz a Escritura, do seu interior fluirão rios de água viva."
João 7:37-38

Você sente necessidade de beber do reservatório de água de Deus? Eu sinto. Em inúmeras situações (reuniões estressantes, dias monótonos, viagens longas) e várias vezes ao dia, paro para beber da nascente de Deus, onde experimento, mais uma vez, a sua obra redentora de meus pecados e da morte, a energia de seu Espírito, seu senhorio e seu amor.

Beba comigo do poço infindável de Deus. Você não precisa viver com um coração desidratado.

Experimente a obra de Cristo na cruz, a energia de seu Espírito, o senhorio dele sobre sua vida e seu amor infinito e infalível.

Você precisa de água, não é? Não anseia por expulsar de sua vida o medo, a ansiedade e a culpa? Isso é possível. Observe para quem Jesus fez esse convite: "Se *alguém* tem sede, venha a mim e beba" (João 7:37, ênfase minha). Você é *alguém*? Então, aproxime-se do poço, pois a água de Jesus é para você.

Beba muito dela e com frequência. Então, de seu interior fluirão rios de água viva.

Medo, ansiedade e culpa sugam nossas forças e ressecam nossa alma. Tentamos saciar nossa sede com outros tipos de água, mas nenhuma delas satisfaz. Nada satisfaz, exceto Jesus. Sempre que sentir necessidade do poder refrescante e revigorante dessa água viva, lembre-se:

Meus versículos de esperança

"[...] quem beber da água que eu lhe der nunca mais terá sede. Ao contrário, a água que eu lhe der se tornará nele uma fonte de água a jorrar para a vida eterna."

João 4:14

___
___
___
___
___
___
___
___

Pensamentos de ansiedade que desejo me libertar

___
___
___

Promessa de Deus para mim

Deus me convida para beber da água vida da salvação em Cristo. Seu Espírito irrigará, refrescará e reviverá minha alma.

Minha oração

___
___

DIA 51

Derrube seu gigante

[...] *A batalha é do Senhor* [...].
1Samuel 17:47

Davi correu até a linha de batalha para enfrentar Golias (1Samuel 17:48), que começou a gargalhar e jogou a cabeça para trás, o suficiente para deslocar seu capacete e expor um pedacinho de sua testa. Davi percebeu ali um alvo e não perdeu tempo. O som de sua funda girando era a única coisa que se ouvia no vale. *Ssshhhwww, ssshhhwww, ssshhhwww* e lá vai a pedra, torpedeando pelo ar até atravessar a testa de Golias, que, com olhos cruzados e pernas bambas, desaba ao chão e morre. Davi corre até o corpo, desembainha a espada de Golias, atravessa o pescoço do filisteu e decepa-lhe a cabeça.

Qual foi a última vez que você fez algo semelhante? Há quanto tempo você não corre para enfrentar seus desafios? Nossa tendência é retroceder, nos esconder atrás de uma mesa de trabalho, rastejar até algum bar noturno em busca de distração ou refugiar-nos debaixo dos lençóis de um amor proibido. Por um momento, um dia, talvez um ano, nos sentimos seguros, protegidos, anestesiados. Entretanto, em algum momento o trabalho acaba, o álcool se desfaz, o amante desparece, e Golias retorna mais forte do que nunca.

Tente uma tática diferente. Enfrente seu gigante com uma alma encharcada de Deus. "Gigante do divórcio, você não entrará em minha casa!", "Gigante da ansiedade, você não vai me conquistar, ainda que eu tenha de lutar o resto da vida", "Gigantes da preocupação, do medo, da dúvida, vou decepar todos vocês." Qual foi a última vez que você girou sua funda e derrubou seu gigante?

Alguns dias nos sentimos como se estivéssemos rodeados por gigantes. Inseguranças, dúvidas e preocupações invadem nossa mente e geram temores. Entretanto, nenhum gigante é páreo para o nosso Deus. Sempre que ouvir algum gigante berrando em seu ouvido, prepare sua funda e lembre-se:

Meus versículos de esperança

Busquei o SENHOR, e ele me respondeu; livrou-me de todos os meus temores.

SALMOS 34:4

Pensamentos de ansiedade que desejo me libertar

Promessa de Deus para mim

Deus é maior que qualquer gigante em minha vida. Nada nem ninguém é capaz de derrotá-lo. Posso viver despreocupado, pois ele luta por mim.

Minha oração

DIA 52

Selados e protegidos

Quando vocês ouviram a palavra da verdade, o evangelho da sua salvação, e creram nele, foram selados em Cristo com o Espírito Santo da promessa.

Efésios 1:13

O selo mais famoso do Novo Testamento foi aquele utilizado para lacrar o sepulcro de Jesus. Os soldados romanos, depois de rolarem uma rocha sobre a entrada, "lacraram a pedra" (Mateus 27:66, NTLH). Arqueólogos imaginam que se tratava de dois cordões esticados na frente da entrada, fixados por meio do endurecimento de cera derretida sobre a qual foi impressa a sanção do governo romano, SPQR (*Senatus Populus Que Romanus*), cuja intenção era dizer: "Afaste-se! Propriedade do governo de Roma." Obviamente, não serviu para nada.

O selo do Espírito, porém, é poderosíssimo. Quando você aceitou Cristo, Deus selou você com o Espírito. "Quando [...] creram nele foram selados em Cristo com o Espírito Santo da promessa." Sempre que aparecer algum intruso dos infernos querendo afastar você de Deus, esse selo o manterá longe. Afinal, Deus pagou um preço alto demais para deixar você desprotegido.

Você está protegido "pelo poder de Deus" (1Pedro 1:5). O Espírito Santo derrama em nosso coração o amor *de* Deus, não um amor *para* amarmos a Deus. Você pertence ao Pai. Você foi *marcado*, *selado* e *separado*.

Algumas vezes as preocupações do mundo nos chacoalham e nos dilaceram. Sentimo-nos quebrados e exaustos como os discípulos que se trancafiaram para se esconder e lamentar a perda de seu

Salvador crucificado. Entretanto, o mundo não é tão poderoso quanto nos induz a acreditar. Seus selos não foram capazes de prender nosso Salvador. Em contrapartida, o selo de Jesus nos protege e jamais nos abandona. Portanto, lembre-se:

Meus versículos de esperança

"Eu lhes dou a vida eterna, e elas [as ovelhas de Jesus] jamais perecerão; ninguém as poderá arrancar da minha mão. O meu Pai, que as deu para mim, é maior do que todos; ninguém as pode arrancar da mão de meu Pai."

João 10:28-29

Pensamentos de ansiedade que desejo me libertar

Promessa de Deus para mim

Fui comprado, redimido e selado por Cristo. Eu pertenço a Jesus e ele me protege com seu Espírito, que habita em mim. O mundo não pode me tirar das mãos dele.

Minha oração

DIA 53

Um ponto de vista diferente

> *[...] aprendi a contentar-me em toda e qualquer circunstância.*
> FILIPENSES 4:11

Em seu livro *Money: a user's manual* [Dinheiro: manual do usuário], Bob Russell comenta sobre um agricultor que, irritado com sua propriedade, começou a reclamar da lagoa que sempre precisava de manutenção e reabastecimento, dos morros que o forçavam a dirigir ladeira acima e ladeira abaixo, das vacas gordas que sujavam seu pasto. Era um tal de reparar cerca e comprar ração que não acabava mais!

Certo dia, esse agricultor contatou uma corretora para colocar a propriedade à venda. Alguns dias depois, a corretora ligou para ele pedindo que aprovasse o texto do anúncio que seria impresso no jornal da cidade. Ela começou a descrever um sítio belíssimo e bem situado, um lugar de muito silêncio e tranquilidade, rodeado de colinas verdejantes, com vista para um lago maravilhoso e pastos repletos de vacas bem nutridas. O agricultor pediu a ela que relesse o anúncio.

"Mudei de ideia", disse o agricultor depois de ouvir pela segunda vez, "não quero mais vender. Passei a vida inteira procurando um lugar como esse para morar."

Reveja suas perspectivas a respeito da vida. Preste bem atenção antes de mudar alguma coisa. Consulte um arquiteto. Consulte seu Arquiteto.

O que um observador externo escreveria sobre sua vida, caro leitor? Enxergaria bênçãos que as preocupações e o estresse induziram você a negligenciar? Sempre que precisar de uma nova perspectiva sobre sua vida, lembre-se:

Meus versículos de esperança

Deus é poderoso para fazer que toda a graça seja acrescentada a vocês, para que em todas as coisas, em todo o tempo, tendo tudo o que é necessário, vocês transbordem em toda boa obra.
2Coríntios 9:8

___
___
___
___
___
___

Pensamentos de ansiedade que desejo me libertar

___
___
___

Promessa de Deus para mim

Sou filho de Deus. Ele me colocou neste lugar e ocasião para um propósito. Deus preenche este momento e lugar com sua presença e sua provisão. Com a ajuda dele posso enxergar todas as bênçãos que ele tem me concedido.

Minha oração

___
___
___

DIA 54

Hábito diário

Quando clamei, tu me respondeste; deste-me força e coragem.
SALMOS 138:3

Alegrar-se *no* dia de hoje? Esse é o convite de Deus. Ora, Paulo se alegrou *na* prisão; Davi escreveu salmos *no* deserto; Jonas orou *no* ventre do peixe; Paulo e Silas cantaram *no* cárcere; Sadraque, Mesaque e Abede-Nego permaneceram firmes *na* fornalha ardente; João viu o céu *no* seu exílio; e Jesus orou *no* jardim de sua angústia. É possível nos alegrarmos *no* dia de hoje? Imagine a diferença em nossa vida se pudéssemos.

Suponha que você esteja enfrentando um dia muito difícil e decida reverter a situação. Em vez de beber, se entupir de trabalho ou se preocupar, você opta por confiar mais, se estressar menos, aumentar sua gratidão e diminuir as reclamações. Então, surpresa! Você chega ao fim do dia se sentindo razoavelmente bem.

Tão bem, na verdade, que decide fazer a mesma coisa no dia seguinte. Sim, seu dia já começa repleto de altos e baixos, preocupações, respingo de café na camisa, cocô de cachorro no sapato. Mas, por Deus! Decidir se alegrar no meio das dificuldades funciona! E, então, você decide fazer a mesma coisa no dia seguinte e no próximo. Dias viram semanas. Semanas viram meses. Meses viram anos de dias bons.

Levar uma vida boa começa assim. Um dia bom de cada vez.

> Temos muita facilidade para criar hábitos, inclusive o hábito de cultivar dias ruins. Basta uma sequência de problemas para começarmos a pensar que mais coisas ruins nos aguardam. Preocupamo-nos *antes* de os problemas surgirem. Que tal buscar um hábito novo, o hábito de buscar esperança? Neste caso, lembre-se:

Meus versículos de esperança

Tu me farás conhecer o caminho da vida, há alegria plena na tua presença, eternos prazeres à tua direita.
SALMOS 16:11

_____
_____
_____
_____
_____
_____
_____

Pensamentos de ansiedade
que desejo me libertar

_____
_____
_____

Promessa de Deus para mim

Cada dia é uma criação nova de Deus, um dia brilhante de esperança aguardando para ser descoberto. Deus me ajudará a encontrar esperança para o dia de hoje.

Minha oração

_____
_____
_____

DIA 55

No meio da tempestade ele diz "eu sou"

Jesus Cristo é o mesmo ontem, hoje e para sempre.
Hebreus 13:8

"Sou Filho de Deus" (João 10:36).
"Eu sou a ressurreição e a vida" (João 11:25).
"Eu sou o caminho, a verdade e a vida" (João 14:6).
"Eu sou a videira verdadeira" (João 15:1).

É o Cristo no presente do indicativo. Jesus nunca falou: "Eu fui", mas nós falamos, pois a nós se aplica o pretérito do indicativo: éramos mais jovens, mais rápidos, mais bonitos (o que explica nossa propensão a reminiscências). Entretanto, isso não se aplica a Deus, cuja força jamais muda. Consequentemente, ele nunca precisa dizer: "Eu fui."

De dentro da tormenta, o Jesus resoluto clama: "Eu sou." Inabalável diante da destruição da guerra e do terrorismo, ousado diante das ondas tempestuosas da Galileia. Na UTI, no campo de batalha, na sala de reunião, na cela do presídio, na ala da maternidade... seja qual for sua tempestade, ele diz "Eu sou."

Deus se envolve com sua criação! Mar Vermelho, peixe grande, cova de leões, fornalhas ardentes, negócios falidos, celas de presídios, desertos, casamentos, funerais e tempestades. Observe e descobrirá o que todo mundo, desde Moisés até Marta, já descobriu: Deus está no meio de nossas tempestades.

No meio das suas também, caro leitor.

Nós temos nossos próprios momentos de falar "Eu sou", não é mesmo? Falamos de vez em quando "Eu sou uma pessoa medrosa",

> "Eu sou uma pessoa que está exausta" ou até mesmo "Eu sou alguém que está quase sem esperanças." Quando seus "Eu sou" soarem como uma tempestade ameaçadora, busque o grande "Eu sou" e lembre-se:

Meus versículos de esperança

Filhinhos, vocês são de Deus e os venceram, porque aquele que está em vocês é maior do que aquele que está no mundo.

1João 4:4

_____
_____
_____
_____

Pensamentos de ansiedade que desejo me libertar

_____
_____

Promessa de Deus para mim

O verdadeiro "Eu sou" é maior que todas as minhas preocupações. Ele está comigo no meio da minha tempestade. Ele é o mesmo Salvador que derrotou Satanás. Ele está ao meu lado e luta por mim.

Minha oração

_____
_____

DIA 56

Em seu amor eu vivo

"[...] *permaneçam no meu amor.*"
João 15:9

Viver em um lugar é familiarizar-se com o ambiente. Ora, em sua residência você não precisa perguntar onde fica a garagem nem consultar a planta para encontrar a cozinha. Você conhece bem o local. Afinal, você está em casa.

Viver no amor de Cristo é fazer dele a sua casa. Não é um quarto de hotel que você habita temporariamente, mas uma residência fixa onde pode descansar e se alimentar. Ali você se abriga dos trovões e das tempestades. Ali as paredes o protegem do vento e a lareira o aquece em meio aos invernos da vida. Conforme escreveu João: "[...] o amor está aperfeiçoado entre nós [...]" (1João 4:17).

Você abandona sua antiga residência de amor falso para morar com o amor verdadeiro de Jesus.

Nosso objetivo, nosso único objetivo, é morar com Cristo. Ele é nosso endereço permanente, nosso lugar de refúgio e segurança onde vivemos à vontade, em sua presença, livres para uma vida autêntica.

> Basta uma única experiência de amor falso para duvidarmos de nosso valor e do modo como somos recebidos, até mesmo por Deus. Entretanto, embora possamos nos tornar um incômodo em outros lugares, podemos viver na presença de Cristo para sempre. Ele nos convida para estarmos ao lado dele. Ele *deseja* nossa presença. Sempre que duvidar do endereço de seu verdadeiro lar, lembre-se:

Meus versículos de esperança

"Pai, quero que os que me deste estejam comigo onde eu estou e vejam a minha glória, a glória que me deste porque me amaste antes da criação do mundo."

João 17:24

_____
_____
_____
_____
_____
_____
_____
_____

Pensamentos de ansiedade que desejo me libertar

_____
_____
_____

Promessa de Deus para mim

Jesus preparou um lugar para mim. Ele me convida para viver em sua presença e quer que eu esteja onde ele está.

Minha oração

_____
_____

DIA 57

Sem combustível

Porque os olhos do Senhor estão sobre os justos, e os seus ouvidos estão atentos à sua oração [...].
1Pedro 3:12

O que você faz quando seu combustível acaba? Em algum momento todos nós ficamos sem combustível. Precisamos de bondade, mas o tanque está vazio. Precisamos de esperança, mas o marcador está na reserva. Queremos 20 litros de soluções, mas só conseguimos espremer algumas gotas. O que fazer? Ficar olhando para o marcador? Negar o problema?

Preocupações não fazem o motor funcionar. Medos não enchem o tanque. Negações não movem o marcador de combustível. Quando o tanque do carro esvazia, corremos para o posto de gasolina mais próximo.

Meu primeiro pensamento quando o combustível acaba é: "Como posso levar o carro até o posto?" Semelhantemente, o primeiro pensamento que você deve ter quando surge algum problema é: "Como posso levar este problema até Jesus?"

Em vez de começar com o que você tem (ou não tem), comece com Jesus. Comece com a riqueza, os recursos e as forças dele. Conte quantas vezes Jesus auxiliou você a encarar o impossível. Antes de sair correndo em desespero, eleve os olhos com fé, acalme-se e busque o auxílio do Pai.

Pergunta: o que você faz quando fica sem combustível? Até onde você vai para encher seu tanque? Comida? Redes sociais? Trabalho? Ou vai até o posto de Jesus, que está sempre aberto? Sempre que seu marcador de combustível estiver quase zerado, lembre-se:

Meus versículos de esperança

Descanse somente em Deus, ó minha alma; dele vem a minha esperança. Somente ele é a minha rocha e a minha salvação; ele é a minha torre segura! Não serei abalado!
Salmos 62:5-6

_____
_____
_____
_____
_____
_____
_____
_____
_____

Pensamentos de ansiedade que desejo me libertar

_____
_____
_____

Promessa de Deus para mim

Jesus é a solução para todos os problemas, a resposta para todas as questões. Ele proverá tudo de que necessito.

Minha oração

_____
_____

DIA 58

Uma nova chance

"[...] eu vim para que tenham vida e a tenham plenamente."
João 10:10

Existem pouquíssimas oportunidades de obtermos uma nova chance no mundo de hoje. Basta perguntar a um garoto que não passou na seletiva de futebol, a um funcionário que acabou de receber aviso-prévio, a uma mãe de três filhos trocada por outra mulher.

Hoje a coisa está mais para: "É agora ou nunca", "Aqui não toleramos incompetentes", "É preciso ser forte para sobreviver", "A concorrência está acirrada", "Errou mais de três vezes, está fora", "Manda quem pode, obedece quem precisa."

Jesus diria: "Não faça parte deste mundo." Faz sentido, não? Por que permitir que outros fracassados digam o quão fracassado você é?

Não é todo dia que você encontrará alguém disposto a lhe dar uma nova chance, muito menos alguém que lhe dê uma nova chance todos os dias. Entretanto, em Jesus você encontrará as duas coisas.

> Fracasso, traição, doenças e decepção. Nenhuma dessas coisas é capaz de roubar sua alegria, pois não podem roubar Jesus de você. O que você tem em Cristo é maior que qualquer outra coisa que falta em sua vida. Em Cristo você sempre tem uma nova chance. Entretanto, o demônio adoraria que você se esquecesse disso. Satanás quer fazer você acreditar que não existe a possibilidade de ter uma segunda chance. Ele quer que você viva preocupado e com medo de não receber outra. Sempre que isso acontecer, lembre-se:

Meus versículos de esperança

Pois Deus enviou o seu Filho ao mundo não para condenar o mundo, mas para que o mundo fosse salvo por meio dele.

João 3:17

___
___
___
___
___
___
___
___
___
___

Pensamentos de ansiedade que desejo me libertar

___
___
___

Promessa de Deus para mim

Deus sempre oferece uma nova chance. Cada dia é um novo começo repleto de bênçãos e planos do Senhor para a minha vida.

Minha oração

___
___
___

DIA 59

Que pensamentos você está pensando?

Tenha cuidado com o que você pensa, pois a sua vida é dirigida pelos seus pensamentos.
Provérbios 4:23, NTLH

Você deixa entrar em sua casa qualquer um que bate à sua porta? Não permita que todo e qualquer pensamento ocupe sua mente. Segure-os pelas rédeas e faça-os obedecerem a Jesus. Caso determinado pensamento se recuse, abandone-o.

Pensamentos negativos jamais nos fortalecem. Quantas vezes você conseguiu desafogar o trânsito apenas com suas reclamações? Reclamar de boletos faz com que desapareçam? Por que se queixar de dores, desconfortos, problemas e tarefas?

"Tenha cuidado com o que você pensa, pois a sua vida é dirigida pelos seus pensamentos" (Provérbios 4:23, NTLH). Você quer ser feliz amanhã? Então, plante sementes de felicidade hoje. (Enumere suas bênçãos, memorize versículos, ore, cante, converse com pessoas que sabem encorajar.)

Pensamentos saudáveis são um bom remédio contra a ansiedade.

Tenha pensamentos intencionais. A Bíblia nos instrui a dominarmos nossos pensamentos (2Coríntios 10:5), mas acrescenta que não precisamos fazer isso por conta própria (Filipenses 4:13). Sempre que necessitar de ajuda para escapar de pensamentos ruins, lembre-se:

Meus versículos de esperança

Tu, Senhor, manténs acesa a minha lâmpada; o meu Deus transforma em luz as minhas trevas.

SALMOS 18:28

_____
_____
_____
_____
_____
_____
_____
_____

Pensamentos de ansiedade que desejo me libertar

_____
_____
_____

Promessa de Deus para mim

O Senhor é minha força e me ajudará a entregar em suas mãos esses pensamentos perturbadores. Sua luz me conduzirá para fora da escuridão e para mais perto dele.

Minha oração

_____
_____
_____

DIA 60

Debaixo de suas asas

*Ele o cobrirá com as suas penas, e sob as suas
asas você encontrará refúgio [...]*
Salmos 91:4

Meus colegas de faculdade e eu escapamos por pouco de uma tempestade texana que assolou o parque em que passeávamos em um sábado à tarde. Enquanto deixávamos o local, meu amigo freou o carro repentinamente e apontou para uma criaturinha no chão: um pássaro ensopado com as asas estendidas sobre seu bebê que havia caído do ninho. Uma vez que a força da tempestade o impedia de retornar à árvore, encobriu seu bebê até o vento cessar.

De quantos ventos Deus tem protegido você? As asas dele estão protegendo você neste exato momento. Por exemplo, um caluniador a caminho de sua mesa é interrompido por um telefonema; um ladrão a caminho de roubar sua casa tem um pneu furado; um motorista bêbado fica sem gasolina pouco antes você passar na frente dele. Deus, seu guardião, protege você.

Ele pode conceder a você uma felicidade que jamais pode ser tirada, uma graça que jamais termina e uma sabedoria cada vez maior. Proteções que talvez você jamais perceba. Ele é fonte de esperança viva que jamais se esgotará.

> Embora possamos sentir os ventos tempestuosos do mundo açoitando nosso rosto, Deus jamais nos deixa desamparados. Algum dia, do outro lado desta vida, conheceremos todas as ocasiões em que Deus nos protegeu. Até lá, Deus nos fornece alguns vislumbres. Caso você esteja cansado e precisando de proteção sob as asas dele, lembre-se:

Meus versículos de esperança

O Senhor é o seu protetor; o Senhor é a sombra à sua direita. De dia o sol não o ferirá; nem a lua, de noite. O Senhor o protegerá de todo o mal, protegerá a sua vida. O Senhor protegerá a sua saída e a sua chegada, desde agora e para sempre.
Salmos 121:5-8

Pensamentos de ansiedade que desejo me libertar

Promessa de Deus para mim

Deus jamais deixa de zelar por mim. Ele me protege, me abriga e me defende. Não existe problema que ele não possa resolver. Estou seguro debaixo de suas asas.

Minha oração

DIA 61

Viva o dia de hoje

"Pois os gentios é que correm atrás dessas coisas, mas o Pai celestial de vocês sabe que precisam delas. Busquem, pois, em primeiro lugar o reino de Deus e a sua justiça, e todas essas coisas serão acrescentadas a vocês."

MATEUS 6:32-33

Uma hora é pouco e um ano é muito, mas o dia é uma parcela de tempo adequada para viver, uma porção instituída por Deus para administrarmos nossa vida. São 84 mil batidas de coração, 1.440 minutos, uma rotação planetária completa, um nascer e um pôr do sol, um dia puro, intocado, inexplorado e novinho em folha! Uma dádiva de 24 horas para viver e explorar.

Se empilharmos um dia proveitoso em cima do outro, no final teremos uma vida bem vivida. Entretanto, é necessário ter em mente o seguinte: *O dia de ontem não está ao seu alcance.* Desapareceu enquanto você dormia. Sumiu. Já era. Não é possível mudá-lo, trocá-lo ou o melhorar. Não tem mais volta. *O dia de amanhã também não.* A menos que você consiga acelerar a rotação da terra ou convencer o sol a nascer uma segunda vez antes de se pôr, não é possível viver hoje o dia de amanhã. Não é possível gastar o dinheiro de amanhã, comemorar o sucesso de amanhã, resolver problemas de amanhã. Você tem apenas o dia de hoje. Este é o dia que fez o Senhor. Viva o hoje. É necessário vivenciar o presente para o desfrutar.

> Estar "presente" não é tão fácil quanto parece. Nossa mente tem muita facilidade para sucumbir às ruminações sobre o ontem ("eu poderia ter feito isto, deveria ter feito aquilo") e permanecer nesse

ciclo até trombar de frente com as ruminações sobre o amanhã ("e se acontecer isso, e se acontecer aquilo?"). Sempre que arrependimentos passados e preocupações futuras estiverem roubando seu hoje, lembre-se:

Meus versículos de esperança

O amor do Senhor não tem fim! Suas misericórdias são inesgotáveis. Grande é sua fidelidade; suas misericórdias se renovam cada manhã. Digo a mim mesmo: "O Senhor é minha porção; por isso, esperarei nele!".
Lamentações 3:22-24, NVT

Pensamentos de ansiedade que desejo me libertar

Promessa de Deus para mim

O passado está coberto pelas misericórdias de Deus e o futuro está nas mãos dele. Hoje é o dia que tenho para viver e posso viver cada momento na presença dele.

Minha oração

DIA 62

O Espírito suplica a nosso favor

[...] o Espírito nos ajuda em nossa fraqueza [...]
ROMANOS 8:26

Em sua proclamação máxima de comunhão, Deus atribui a si mesmo o nome *Emanuel*, "Deus conosco", o Deus que se tornou carne, se tornou pecado, derrotou a morte e continua ao nosso lado, sempre nos consolando, ensinando e convencendo do pecado por meio de seu Espírito.

"O Espírito nos ajuda em nossa fraqueza." Sem dúvida, essa é uma declaração digna de exaltação. Existe alguém que não precisa se lembrar disso? Corpo fraco, espírito fraco, determinação fraca. Todos nós estamos familiarizados com essa condição humana. O termo *fraqueza* pode se refererir a enfermidades físicas, a exemplo daquele deficiente que passou trinta e oito anos sem conseguir andar (João 5:5), ou à impotência espiritual, a exemplo dos "desamparados" em Romanos 5:6 (NVT).

Quer fracos de alma ou fracos de corpo (ou ambos), é muito bom saber que essa situação não depende de nós. O próprio Espírito está suplicando a nosso favor.

Não pense que Deus nos observa à distância. Evite a areia movediça de pensamentos que dizem: "Deus abandonou você." Não caia nessa mentira. Uma coisa é enfrentar problemas, outra é pensar que os enfrentamos sozinhos. O isolamento gera uma espiral de medo e preocupação. Em vez disso, decida ser alguém que se agarra a Deus com as duas mãos. Sempre que você se sentir sozinho, lembre-se:

Meus versículos de esperança

"Se vocês me amam, obedecerão aos meus mandamentos. E eu pedirei ao Pai, e ele dará a vocês outro Conselheiro, que esteja com vocês para sempre: o Espírito da verdade [...]."

João 14:15-17

Pensamentos de ansiedade que desejo me libertar

Promessa de Deus para mim

O Senhor está comigo. Seu Espírito habita em mim. Não preciso ter medo de nada, pois aquele que está em mim é maior que qualquer coisa neste mundo.

Minha oração

DIA 63

Guardando os bons momentos

> [...] *pensem em tudo o que for verdadeiro, tudo o que for digno de respeito, tudo o que for justo, tudo o que for puro, tudo o que for amável, tudo o que for de boa fama, em tudo o que houver alguma virtude ou algo de louvor.*
>
> Filipenses 4:8

Mude os pensamentos de alguém e você mudará a pessoa. Se os pensamentos de hoje são as atitudes de amanhã, o que acontecerá se enchermos nossa mente com o amor de Deus? Se nos colocarmos debaixo da graça divina, porventura mudaremos a forma como enxergamos os outros?

Sem dúvida nenhuma, diria Paulo! Afinal, não é suficiente evitar maus pensamentos. Também é necessário imbuir-se de bons pensamentos. Não é suficiente deixarmos nossas mágoas de lado. Também precisamos contar nossas bênçãos. "Pensem em tudo o que for verdadeiro, tudo o que for digno de respeito, tudo o que for justo, tudo o que for puro, tudo o que for amável, tudo o que for de boa fama, em tudo o que houver alguma virtude ou algo de louvor." *Pensar* transmite a ideia de ponderar, isto é, estudar e refletir sobre determinado assunto até ao ponto de causar um impacto em nossa vida.

Em vez de guardar mágoas, guarde bons momentos. Você não recebeu uma pitada de perdão, uma borrifada de graça, um polvilhado de bondade. Ao contrário, você foi encharcado, submerso, inundado. Você é um peixe no oceano da misericórdia de Deus. Permita que a graça de Deus transforme você!

Conte suas bênçãos é um provérbio batido, mas que continuamos a aplicar. Entretanto, perdemos a conta quando sobrevém uma memória ruim ou uma preocupação. Por que experiências ruins parecem se sobrepor tão facilmente às boas? Sempre que precisar de ajuda para recordar bons momentos, lembre-se:

Meus versículos de esperança

Vocês, porém, são geração eleita, reino de sacerdotes, nação santa, povo que pertence a Deus, para anunciar as grandezas daquele que os chamou das trevas para a sua maravilhosa luz.

1Pedro 2:9

Pensamentos de ansiedade que desejo me libertar

Promessa de Deus para mim

Sou escolhido e sou filho de Deus. O Senhor
me chamou das trevas para sua luz.

Minha oração

DIA 64

Tudo acabará bem

"Tenham coragem! Sou eu! Não tenham medo!"
MATEUS 14:27B

A coragem que Deus nos incentiva a ter não é uma coragem ingênua nem simplória. Não significa viver cego para os desafios assustadores da vida. "[...] é preciso que prestemos maior atenção no que temos ouvido, para que jamais nos desviemos" (Hebreus 2:1). Faça tudo o que estiver ao seu alcance para não perder Jesus de vista.

Uma amiga que passou vários dias ao lado de seu marido hospitalizado optou por cantar a fim de não esmorecer. A intervalos regulares ela ia ao banheiro para cantar algumas estrofes do hino "Tu és fiel, Senhor". Faça algo parecido! Memorize versículos, leia biografias de grandes personagens, medite sobre o testemunho de cristãos fiéis. Deposite toda sua esperança em Jesus.

Como seguidores de Cristo, você e eu dispomos de recursos fabulosos. Além disso, sabemos que tudo acabará bem. Afinal, Cristo não foi retirado de seu trono e Romanos 8:28 não desapareceu da Bíblia. Nossos problemas são oportunidades para Deus.

Alimente seus temores e sua fé morrerá de fome.

Alimente sua fé e seus temores morrerão famintos.

Sabemos que tudo acabará bem. Essa é a promessa de Romanos 8:28. Entretanto, é difícil nos lembrarmos disso quando nossa mente é invadida por pensamentos de que de tudo pode dar errado. Sempre que o medo invadir, fixe os olhos em Jesus e lembre-se:

Meus versículos de esperança

Sabemos que todas as coisas contribuem juntamente para o bem de todos aqueles que amam a Deus, dos que foram chamados de acordo com o seu propósito.

ROMANOS 8:28

_____
_____
_____
_____
_____
_____

Pensamentos de ansiedade que desejo me libertar

_____
_____
_____

Promessa de Deus para mim

O Senhor está no controle. Ele sabe como tudo acabará e prometeu que será para o meu bem. Ele me concederá coragem e esperança para prosseguir.

Minha oração

_____
_____
_____

DIA 65

Jesus sabe

[Aquele] a quem o Pai santificou e enviou ao mundo.
João 10:36

Deus está conosco.

Ele sabe o que é ser magoado, pois sua própria família o chamou de louco. Ele sabe o que é passar fome, pois comeu grãos crus. Ele sabe o que é exaustão, pois adormeceu de cansaço em um barco chacoalhado pela tempestade. Ele sabe o que é traição, pois amou Judas apenas para ser recompensado com um beijo de traição.

Acima de tudo, ele sabe o que é o pecado. Não o dele próprio, é claro, mas os seus: as mentiras que você contou, as pessoas que magoou, as promessas que não cumpriu, as virtudes que abandonou, as oportunidades que desperdiçou.

Jesus conhece cada atitude que você cometeu contra Deus (afinal, todo pecado é contra Deus). Sim, isso mesmo, ele as conhece melhor que você. Ele sabe o preço de cada uma, pois foi ele que pagou.

Cristo remove seus pecados, caro leitor, e por meio disso remove sua insignificância. Você não precisa mais pensar: "Ninguém me conhece", pois Deus conhece você. Ele gravou seu nome nas mãos dele e guardou suas lágrimas em um jarro (Isaías 49:16; Salmos 56:8, NVT). Deus conhece você.

Jesus conhece *tudo*. Cada detalhe sobre cada uma das coisas que tentamos esquecer, disfarçar ou encobrir, e mesmo assim decidiu nos comprar por meio de sua própria dor e sofrimento. Jamais precisamos ter medo dele, medo de perder seu amor, medo de perder sua presença. Sempre que você duvidar do seu valor em Jesus, lembre-se:

Meus versículos de esperança

Ele mesmo [Jesus Cristo] levou no corpo os nossos pecados sobre o madeiro, a fim de que morrêssemos para os pecados e vivêssemos para a justiça. Por suas feridas vocês foram curados.

1Pedro 2:24

_____
_____
_____
_____
_____

Pensamentos de ansiedade que desejo me libertar

_____
_____
_____

Promessa de Deus para mim

Jesus me conhece plenamente e mesmo assim decidiu morrer por meus pecados. É impossível perder seu amor. Ele jamais me abandonará.

Minha oração

_____
_____
_____

DIA 66

O primeiro passo

Há alguém sofrendo entre vocês? Que ele ore.
Tiago 5:13a

Você já falou com Deus sobre suas decepções? Você já as compartilhou com seu vizinho, sua família e seus amigos. Mas e com Deus? "Há alguém sofrendo entre vocês? Que ele ore."

Antes de dividir suas mágoas com outros, compartilhe-as com Deus.

Talvez você não queira incomodar Deus com seus problemas. "Deus deve estar muito atarefado cuidando de guerras, fomes e pestes para prestar atenção aos meus problemas." Caro leitor, deixe que Deus decida. Afinal, ele providenciou vinho para uma festa de casamento, dinheiro para Pedro pagar impostos e até parou para responder às perguntas de uma samaritana. "[...] ele cuida de vocês" (1Pedro 5:7).

O primeiro passo é falar com a pessoa certa: Deus.

"Clame a mim no dia da angústia", disse Deus (Salmos 50:15).

E Jesus: "Peçam, e será dado a vocês; busquem e vocês encontrarão; batam, e a porta será aberta a vocês" (Mateus 7:7). Essa promessa não traz nenhum "talvez", "quem sabe", "é possível." Jesus declarou com todas as letras que, quando você fala, ele ouve.

O medo nos induz ao desespero ou à oração. Faça uma escolha sábia.

Quando surge um problema, geralmente compartilhamos com amigos, com as redes sociais ou tentamos resolver por conta própria. Em outras palavras, buscamos soluções com pessoas igualmente incapazes de nos ajudar. Que tal tentar uma estratégia diferente? Sempre que experimentar alguma decepção e sentir necessidade de ter mais esperança, lembre-se:

Meus versículos de esperança

Os justos clamam, e o SENHOR os ouve; ele os livra de todas as suas tribulações.

SALMOS 34:17

_____
_____
_____
_____
_____
_____
_____
_____

Pensamentos de ansiedade que desejo me libertar

_____
_____
_____

Promessa de Deus para mim

Deus me ouve quando clamo a ele. Posso entregar-lhe minhas decepções, pois ele se preocupa comigo e me socorrerá.

Minha oração

_____
_____
_____

DIA 67

Espírito de medo

*Pois Deus não nos deu um espírito de covardia, mas
de poder, de amor e de domínio próprio.*
2Timóteo 1:7

O medo jamais escreveu uma sinfonia ou um poema, jamais negociou um tratado de paz ou curou uma doença, jamais tirou alguém da miséria ou um país do fanatismo, jamais salvou um casamento ou uma empresa. Quem fez tudo isso foi a coragem e a fé de pessoas que se recusaram a se curvar ou ceder à covardia.

É bom esclarecer que o medo tem uma função saudável: ele funciona como alerta de perigo, tal qual como canários em uma mina de carvão. O medo é uma reação apropriada diante de um prédio em chamas ou de um cão raivoso. Ter medo não é pecado em si, mas pode nos induzir a atitudes pecaminosas.

Sempre que lidamos com o medo por meio de explosões de raiva, bebida alcoólica, isolamento, greve de fome ou controle exagerado, excluímos Deus da solução e exacerbamos o problema. Então, o medo toma conta e a ansiedade passa a dominar e definir nossa vida. Começam a surgir preocupações que sugam nossa alegria, temores que obscurecem nosso dia, dúvidas que atormentam e paralisam. Histeria não é de Deus. "Deus não nos deu um *espírito* de covardia" (2Timóteo 1:7, ênfase minha).

Ainda que o medo esteja por toda parte, não há necessidade de o alojarmos em nosso coração. O medo está sempre batendo à porta, mas não precisamos convidá-lo para o jantar e muito menos oferecer-lhe um quarto para dormir.

Nunca é a intenção, mas por vezes acontece de abrimos a porta, apenas uma frestinha, e a ansiedade consegue entrar e se instala. E ela não é nem um pouco educada. Além de não se importar em bagunçar nossa vida, ela convida seus comparsas, chamados medo e preocupação, que já chegam abrindo a geladeira e sujando o banheiro. Sempre que precisar de ajuda para chutar essa corja para o olho da rua, lembre-se:

Meus versículos de esperança

Pois os olhos do Senhor estão atentos sobre toda a terra para fortalecer aqueles que lhe dedicam totalmente o coração.

2Crônicas 16:9a

Pensamentos de ansiedade que desejo me libertar

Promessa de Deus para mim

O Espírito de Deus em mim é maior que qualquer ansiedade, preocupação e medo. Posso buscar socorro em Deus. Ele me fortalecerá e me mostrará o que é real e verdadeiro.

Minha oração

DIA 68

O Cristo de segunda-feira

Tudo posso naquele que me fortalece.
FILIPENSES 4:13

Considere o seguinte:

- O telescópio Hubble envia imagens infravermelhas de galáxias de baixíssimo brilho situadas a doze bilhões de anos-luz (equivalente a doze bilhões multiplicado por nove trilhões e meio de quilômetros).
- Astrônomos estimam, muito superficialmente, que o número de estrelas no universo equivale à quantidade de grãos de areia em todas as praias do mundo.
- A estrela Betelgeuse tem um diâmetro de 1,12 bilhão de quilômetros, várias vezes maior que a órbita da Terra ao redor do Sol.

Qual o motivo para essa imensidão? Por que todo esse espaço imenso, inexplorado e "desocupado"? Para que você e eu, boquiabertos, sejamos impactados pela declaração de Paulo: "Tudo posso naquele que me fortalece."

O Cristo das galáxias é o Cristo das segundas-feiras. O Criador das estrelas é o mesmo que gerencia nossa vida. Portanto, relaxe. Você é amigo da pessoa mais influente do universo.

Por que geralmente ficamos deprimidos nas segundas-feiras? Seria porque o fim de semana passou rápido demais? Seria por que raramente temos tempo para nós mesmos durante a semana? Entretanto, talvez tenha a ver com a ansiedade a respeito das surpresas desagradáveis que a semana pode nos trazer. Sempre que sentir necessidade de reafirmar quem criou o tempo e quem o controla, lembre-se:

Meus versículos de esperança

Assim, vocês perceberão, com todos os santos, qual é a largura, o comprimento, a altura e a profundidade do amor de Cristo.

EFÉSIOS 3:18

_____

_____

Pensamentos de ansiedade que desejo me libertar

_____

_____

Promessa de Deus para mim

O Deus que formou as estrelas cuida de mim. Ele sabe meu nome e tudo o que acontecerá comigo. Ele me capacitará a fazer tudo o que verdadeiramente é necessário.

Minha oração

_____

_____

DIA 69

Amor que nunca falha

O amor nunca perece [...].
1Coríntios 13:8

Primeira Coríntios 13 é o monte Everest das cartas de amor. Os versículos quatro a oito representam o cerne desse capítulo.

> O amor é paciente, o amor é bondoso. Não inveja, não se vangloria, não se orgulha. Não maltrata, não procura os próprios interesses, não se ira, não guarda rancor. O amor não se alegra com a injustiça, mas se alegra com a verdade. Tudo sofre, tudo crê, tudo espera, tudo suporta. O amor nunca perece [...].

Não interprete essa passagem como um amor impossível de praticar, mas como lembrete de um amor impossível de resistir: o amor de Deus.

É possível que você esteja sedento por esse tipo de amor. Afinal, pessoas poderiam ter amado você, mas não amaram; pessoas deveriam ter amado você, mas não amaram: você esteve sozinho em um leito de hospital; foi abandonado no altar; dorme com um lado da cama vazio; sofreu com um amor não correspondido. "Será que alguém me ama?", grita seu coração.

Ouça a voz celestial. Deus ama você. Pessoalmente, poderosamente, apaixonadamente. Outros prometeram e falharam, mas Deus promete e cumpre. Ele ama você com um amor infalível. E o amor dele, caso você permita, pode preencher seu coração a ponto de você se sentir seguro para doar desse amor. Portanto, venha até Deus com sede e beba do amor dele até se fartar.

Satanás tem um único objetivo: nos afastar de Deus para guiar-nos até um lugar sombrio e desprovido de luz e amor. Ele quer nos fazer acreditar que não existe nada mais além disso. As mentiras dele são exageradas, enfatuadas e irracionais. "Ninguém jamais me amará. Todos estão contra mim". Em verdade, não existem pessoas que não são amadas ou que sejam impossíveis de amar. Sempre que as mentiras de Satanás induzirem você a pensamentos de ansiedade, lembre-se:

Meus versículos de esperança

"O Senhor, o seu Deus, está no seu meio, um guerreiro poderoso para salvar. Ele terá imensa alegria em você; com o seu amor a renovará. Ele se regozijará em você com brados de alegria."

Sofonias 3:17

Pensamentos de ansiedade que desejo me libertar

Promessa de Deus para mim

Sou amado para todo o sempre e incondicionalmente.
O amor de Deus jamais falhará comigo.

Minha oração

DIA 70

Quando as preocupações sussurram em seu ouvido

O Senhor Deus é sol e escudo; o Senhor concede favor e honra; não recusa nenhum bem aos que vivem com integridade.
Salmos 84:11

"Sabemos que todas as coisas contribuem juntamente para o bem de todos aqueles que amam a Deus", escreveu Paulo (Romanos 8:28a).

A preocupação, porém, olha para a catástrofe e se lamenta: "Tudo está desmoronando."

"Ele [Deus] tem feito tudo muito bem", disse Jesus (Marcos 7:37).

A preocupação discorda: "O mundo enlouqueceu."

A Bíblia se refere a Deus como "bendito e único Soberano" (1Timóteo 6:15).

A preocupação questiona se alguém está no controle das coisas.

"Deus suprirá todas as necessidades de vocês" (Filipenses 4:19).

A preocupação sussurra a mentira de que "Deus não sabe do que você precisa."

A Bíblia, porém, declara: "Portanto, se vocês, apesar de serem maus, sabem dar boas coisas aos seus filhos, quanto mais o seu Pai, que está nos céus, dará coisas boas aos que lhe pedirem!" (Mateus 7:11).

A preocupação não quer saber e responde: "Você está sozinho contra o mundo."

A preocupação guerreia contra a fé. A preocupação se esquece de que Deus é vitorioso.

A preocupação sussurra todo tipo de mentira a respeito de Deus, de sua Palavra e de quem serão os verdadeiros vitoriosos no final. Sabemos que são mentiras, porém é difícil ignorá-las quando sobrevém a catástrofe e o caos. Sempre que a preocupação começar a sussurrar mentiras em seu ouvido, lembre-se:

Meus versículos de esperança

Sabemos que todas as coisas contribuem juntamente para o bem de todos aqueles que amam a Deus, dos que foram chamados de acordo com o seu propósito.

Romanos 8:28

Pensamentos de ansiedade que desejo me libertar

Promessa de Deus para mim

Deus está no controle. Ele atua em todos os detalhes da minha vida e age para que todas as coisas cooperem para o meu bem. Ele já é vitorioso.

Minha oração

DIA 71

Acalme-se e descanse

"Trabalhe seis dias e neles faça todos os seus trabalhos, mas o sétimo dia é um sábado para o S‍enhor, o seu Deus. Nesse dia, não faça trabalho algum, nem você, nem o seu filho, nem a sua filha, nem o seu servo, nem a sua serva, nem os seus animais, nem os estrangeiros residentes nas suas cidades."

Êxodo 20:9-10

Deus conhece muito bem o ser humano. "Mas alguém tem que trabalhar no sétimo dia. Se não eu, então meu filho", diz consigo o proprietário de uma loja. "Não, nem seu filho", responde Deus. "Então minha filha", retruca. "Não, nem sua filha", responde Deus. "Neste caso, colocarei um de meus animais para cuidar da loja ou talvez contrate um estrangeiro para me ajudar." "Também não", responde Deus, e emenda: "Um dia da semana você dirá não ao trabalho e sim à adoração. Você vai se acalmar, se sentar, se deitar e descansar."

"Mas eu tenho que estudar para uma prova", "Preciso bater minhas metas de venda", contestamos com um argumento após o outro, mas Deus levanta a mão e nos interrompe, dizendo: "Porque em seis dias o S‍enhor fez os céus e a terra, o mar e tudo o que neles há, mas, no sétimo dia, descansou" (Êxodo 20:11a). A mensagem é muito simples: "Se a criação não se desmanchou enquanto eu descansava, certamente não o fará enquanto você descansa."

Repita comigo as seguintes palavras: não é minha função gerenciar o mundo.

O arco não pode permanecer curvado o tempo todo sob pena de quebrar. Para que o solo produza fruto, é necessário que descanse por algum tempo. O descanso é necessário para uma vida saudável. Portanto, acalme-se e deixe Deus curar você. Ele trará descanso para sua mente, seu corpo e, acima de tudo, sua alma. Ele conduzirá você a pastos verdejantes.

Você vive com um sentimento de que sua vida não pode parar? Em verdade, é mais que um sentimento, não é mesmo? É medo. Medo de que tudo desabe se você parar por apenas um minuto. Consequentemente, você se esforça para estar sempre no controle. E aí reside o verdadeiro problema, pois, quando o controle escapa de suas mãos, seu nível de ansiedade dispara às alturas. Em vez de querer ainda mais controle, entregue-o nas mãos daquele que verdadeiramente está no controle de tudo. Sempre que sentir dificuldade para abrir mão do controle e descansar, lembre-se:

Meus versículos de esperança

Ele me faz repousar em pastagens verdejantes e me conduz a águas tranquilas; restaura-me o vigor [...].
SALMOS 23:2-3

Pensamentos de ansiedade que desejo me libertar

Promessa de Deus para mim

Deus controla absolutamente tudo. Posso confiar e descansar nele.

Minha oração

DIA 72

Panela de oração

Então, irei ao altar de Deus, a Deus, a minha plena alegria.
Salmos 43:4a

Suponha que seu médico, depois de detectar um cisto em um exame de rotina, sugira a você que a melhor opção seria removê-lo por meio de uma cirurgia. Pronto, era só o que faltava! E agora, o que fazer com esse cálice de ansiedade? Você pode despejá-lo em um de dois recipientes.

Pode despejá-lo na panela da preocupação. Basta colocá-la em fogo baixo e mexer bem devagar, sempre acrescentando pitadas de lástima e angústia, até formar um caldo delicioso de pessimismo.

Que tal tentar uma estratégia diferente? Estou falando da panela da oração: antes mesmo de sair do consultório, entregue o problema nas mãos de Deus. "Vivo debaixo da tua soberania, meu Deus. Nada pode me atingir sem antes passar pelo Senhor." Em seguida, mexa seus pensamentos bem devagar em atitude de gratidão: lembre-se daquela oportuna restituição do imposto de renda; daquela ocasião em que recebeu um bom conselho; daquele voo lotado no qual, de repente, surgiu um assento livre. Vislumbrar coisas boas do passado traz forças para enfrentar o futuro.

Sua parte é simplesmente orar e ter gratidão. A parte de Deus é trazer paz e proteção.

Orar com fé traz a paz de Deus. Não uma paz terrena, incerta e arbitrária, mas a paz do Senhor, que é importada do céu. Deus nos oferece a mesma tranquilidade que permeia a sala do trono divino.

A vida costuma nos estressar a intervalos regulares. É fácil sobrecarregar nossos ombros já doloridos com o peso de nossas dificuldades, desde as mais simples até as mais graves. Sempre que necessitar de menos estresse e mais paz, lembre-se:

Meus versículos de esperança

Não andem ansiosos por coisa alguma, mas em tudo, por meio da oração e da súplica, com ação de graças, apresentem os seus pedidos a Deus. Então, a paz de Deus, que excede todo o entendimento, guardará o coração e os pensamentos de vocês em Cristo Jesus.

FILIPENSES 4:6-7

_____

_____

_____

Pensamentos de ansiedade que desejo me libertar

_____

_____

_____

Promessa de Deus para mim

Deus conhece muito bem meu problema. A solução está a caminho. Ele me encherá de paz enquanto aguardo sua resposta.

Minha oração

_____

_____

DIA 73

Ideia dele

*Eu te louvo porque me fizeste de modo assombroso e admirável.
As tuas obras são maravilhosas! Sei disso muito bem.*

SALMOS 139:14

O medo da insignificância produz exatamente o resultado que tanto tememos, chega exatamente ao destino que tanto queremos evitar, promove exatamente a situação que tanto se dispôs a menosprezar. Um jogador de basquete que repete mentalmente "Não vou conseguir" na linha de lance livre acabará errando o arremesso. Passar os dias murmurando "Eu não valho nada, nunca farei diferença" é sentenciar a si mesmo a uma vida de melancolia e clausura. Mais que isso, é discordar de Deus, porquanto questiona sua justiça e coloca em dúvida seu bom gosto. Sim, pois de acordo com Deus você foi "formado e tecido com esmero" (Salmos 139:15, A21), criado de modo "assombroso e admirável" (Salmos 139:14). Deus não passa um segundo sem pensar em você! Se você pudesse contar quantas vezes ele pensa em você, "seriam mais [numerosas] do que os grãos de areia" (Salmos 139:18).

Por que Deus ama tanto você? Pela mesma razão que artistas amam suas pinturas ou construtores amam suas edificações. Você é ideia de Deus. E Deus só tem boas ideias.

Não faltam vozes nos dizendo que não somos quem deveríamos ser. Entretanto, nossa confiança desmorona apenas quando acrescentamos nossa própria voz. Recuse-se a dar ouvidos às suas próprias dúvidas, condenações e melancolias. Em vez disso, lembre-se:

Meus versículos de esperança

Então, Deus criou o ser humano à sua imagem, à imagem de Deus o criou; homem e mulher os criou.

GÊNESIS 1:27

_____
_____
_____
_____
_____
_____
_____

Pensamentos de ansiedade que desejo me libertar

_____
_____
_____
_____

Promessa de Deus para mim

Eu sou uma obra de arte criada por Deus. Sou ideia dele.
Ele afirma que eu sou maravilhoso. Deus me capacitará
a cumprir o propósito para o qual me criou.

Minha oração

_____
_____
_____

DIA 74

O que fazer com as preocupações

Aquele que não poupou o seu próprio Filho, mas o entregou por todos nós, como não nos dará graciosamente com ele todas as coisas?
ROMANOS 8:32

O que fazer com as preocupações? Simples: trazê-las, literalmente, aos pés da cruz. A próxima vez que você se preocupar com sua saúde, finanças, moradia ou viagem, suba mentalmente a montanha e passe algum tempo visualizando o cenário da paixão.

Sinta o peso da lança com a palma da mão; corra o polegar por sobre a ponta afiada. Leia em sua própria língua a inscrição fixada no topo da cruz. Toque o solo molhado com o sangue de Deus: sangue que ele derramou por você; a lança que o perfurou em vez de você; pregos que o cravaram em vez de você; a inscrição que ele deixou para você.

Jesus fez tudo isso por você. Depois de tudo que ele fez, não parece apropriado crer que ele se preocupa com você neste exato momento?

Deus jamais prometeu uma vida isenta de dificuldades, porém prometeu estar ao nosso lado quando enfrentarmos tempestades.

> Costumamos nos preocupar, mesmo sabendo que não deveríamos. Estamos cientes de que em Cristo não temos nenhuma razão para nos preocupar. Entretanto, a vida está repleta de tormentas; e muitas vezes fazemos besteira e nos questionamos ("e se isso?", "e se aquilo?"), e a preocupação se apodera de nós. O que fazer com essas preocupações? Leve-as para aquele que prometeu nos auxiliar em

todas as nossas aflições. Sempre que duvidar de que Deus está disposto a carregar suas preocupações, lembre-se:

Meus versículos de esperança

"Não tenham medo nem fiquem desanimados por causa desse exército enorme, pois a batalha não é de vocês, mas de Deus."
2Crônicas 20:15b

_____

_____

_____

_____

Pensamentos de ansiedade que desejo me libertar

_____

_____

_____

Promessa de Deus para mim

Deus entregou seu próprio Filho para me salvar. Jesus abdicou do céu e morreu por mim. Posso confiar em Deus e entregar todas as minhas preocupações nas mãos dele. Ele enfrentará as tempestades da vida ao meu lado e a meu favor.

Minha oração

_____

_____

DIA 75

O convite de Jesus

"Tomem sobre vocês o meu jugo e aprendam de mim, porque sou manso e humilde de coração, e vocês encontrarão descanso para a alma."
MATEUS 11:29

Na antiga Israel, os agricultores costumavam treinar um boi inexperiente ao pareá-lo com um boi mais experiente por meio de um jugo de madeira, cujas correias eram amarradas firmemente ao animal mais velho, pois era ele que puxava todo o peso. Em contrapartida, as correias do animal jovem eram folgadas. Embora andasse lado a lado com o boi mais experiente, seu fardo era mais leve. Nesse versículo, Jesus está dizendo algo como: "Eu estou ao seu lado e nós dois estamos ligados pelo mesmo jugo, porém sou eu que carrego todo o peso."

Às vezes me pergunto quanto peso que nem imaginamos Jesus tem carregado em nosso lugar. Alguns desses pesos são conhecidos, pois sabemos que Jesus tem carregado nossos pecados, nossa vergonha e nossa dívida eterna. Mas é só isso? Ele não tem carregado nossos medos, antes mesmo de os sentirmos? Não tem carregado nossas confusões, mesmo sem o sabermos? E todas aquelas vezes em que nos surpreendemos com nossa própria sensação de paz? Será que Jesus tem carregado nossas ansiedades em seus ombros e colocado seu jugo de bondade sobre os nossos?

Costumamos pensar no poder, no sofrimento e no sacrifício de Jesus, mas pouco cogitamos sobre a bondade dele. Entretanto, pessoas próximas de Deus sabem que ele é a bondade em pessoa. É uma mensagem refrescante em um mundo que sussurra preocupações, que atiça nossos medos e incentiva nossas ansiedades. É a mensagem que Jesus nos convida a experimentar a todo e qualquer momento. Sempre que você sentir necessidade da bondade dele, lembre-se:

Meus versículos de esperança

"Venham a mim, todos os que estão cansados e sobrecarregados, e eu darei descanso a vocês."
MATEUS 11:28

___

___

___

Pensamentos de ansiedade que desejo me libertar

___

___

Promessa de Deus para mim

Posso levar meus fardos e minhas preocupações para Jesus. Posso aprender com ele. Jesus me tranquilizará com sua bondade e compaixão, e me dará descanso.

Minha oração

___

___

DIA 76

Uma nova compreensão

*Ali ele foi transfigurado diante deles. A sua face brilhou como
o sol, e as suas roupas se tornaram brancas como a luz.*
MATEUS 17:2

Qual foi a última vez que uma nova compreensão a respeito de Cristo fez você cair de joelhos e perder o fôlego? A última vez que um vislumbre de Jesus deixou você boquiaberto, estupefato? Se faz muito tempo, isso explica seus medos.

Quando Jesus é grandioso, nossos medos se tornam minúsculos. O medo diminui à medida que aumentamos nosso deslumbramento em Jesus. A percepção de um Deus formidável nos traz coragem, ao contrário de uma percepção diminuta. Um Jesus fraco e apático não tem poder nenhum sobre tumores cancerosos, corrupção, roubo de identidade, queda no mercado de ações e calamidades globais. Um Jesus portátil pode se encaixar bem em uma bolsa ou em uma prateleira, mas não serve para acalmar nossos medos.

Precisamos conhecer o Jesus transfigurado, o Cristo que cospe fogo santo, que ocupa os lugares mais elevados e veste a única, e verdadeira, coroa do universo: a de Filho amado de Deus.

Quanto mais tempo passamos com Jesus, maior o percebemos em nossa vida. Não é ele que muda, somos nós que mudamos à medida que o experimentamos, à medida que percebemos dimensões, aspectos e características que jamais havíamos notado. Pureza, poder e singularidade que nos deixam maravilhados a ponto cairmos por terra em adoração. Neste momento, a mão do carpinteiro nos toca e ouvimos: "Levantem-se! Não tenham medo!" (Mateus 17:7).

O medo é como um pano que cobre nossos olhos, bloqueando a visão de nosso radiante e poderoso Salvador. Qual foi a última vez que a percepção da magnificência de Cristo deixou você de queixo caído e sem fôlego? Sempre que necessitar de uma nova compreensão de Jesus, sempre que precisar remover o véu e sentir a presença dele em sua vida, lembre-se:

Meus versículos de esperança

É Deus quem me reveste de força e torna perfeito o meu caminho.

2SAMUEL 22:33

Pensamentos de ansiedade que desejo me libertar

Promessa de Deus para mim

Meu Salvador é luz pura e brilhante. Quanto mais eu o buscar, mais o conhecerei. Posso resistir e prosseguir por meio do poder de Jesus.

Minha oração

DIA 77

Próximo como nunca antes

Foi desprezado e rejeitado pelos homens, um homem de dores e experimentado no sofrimento.

Isaías 53:3a

Você conhece bem este cenário: um bosque de oliveiras retorcidas, solo duro e rochoso, muro de pedras baixo, uma noite escura e sombria. Um pouco adiante, alguém estirado de bruços, rosto por terra, todo empoeirado e coberto de lágrimas, olhos aterrorizados de medo, cabelos emaranhados de suor, punhos doloridos de tanto bater no chão. Aquilo na testa dele é sangue escorrendo?

Sim, é Jesus no Jardim do Getsêmani, um ser humano contorcido de agonia e aflição, um "homem de dores" lutando contra o medo, contorcendo-se com o peso da responsabilidade e ansiando por alívio.

É Jesus perplexo e de coração partido, cheio de dores, sobrecarregado de medos. Um homem revestido não de santidade, mas de humanidade.

Ver Deus padecendo desse jeito muda completamente a percepção de nosso sofrimento. É Deus abraçando sua natureza humana como nunca; Deus se aproximando de nós como jamais o fez por meio de seu próprio sofrimento; a encarnação vivenciada em seu ponto máximo naquele jardim.

A próxima vez que você for chamado para sofrer, preste atenção, observe atentamente. É bem possível que a mão enviada para tirar você da escuridão seja uma mão ferida por pregos.

Jesus lutou contra o medo. Naqueles momentos em que o medo faz você cair por terra, ajuda saber que Jesus já passou por isso antes de

> você ou que você não é o primeiro a lutar contra o medo? Sempre que a preocupação impedir você de enxergar além da poeira no chão, lembre-se:

Meus versículos de esperança

"Não gritará, nem clamará, nem erguerá a sua voz nas ruas. Não quebrará o caniço ferido nem apagará o pavio fumegante. Com fidelidade, fará justiça."

Isaías 42:2-3

___

___

___

Pensamentos de ansiedade que desejo me libertar

___

___

___

Promessa de Deus para mim

Jesus compreende minhas dores e medos, pois passou pelas mesmas coisas que eu. Ele me ajudará a ficar em pé novamente e prosseguir.

Minha oração

___

___

DIA 78

Estratégias para não se preocupar

Assim, aproximemo-nos do trono da graça com toda a confiança, a fim de recebermos misericórdia e encontrarmos graça que nos ajude no momento da necessidade.
HEBREUS 4:16

Você odeia se preocupar, mas o que pode fazer para evitar? As três estratégias abaixo merecem sua atenção:

Ore mais. Não é possível orar e se preocupar ao mesmo tempo, pois, se você está preocupado, não está orando, e, se está orando, não está preocupado. "Tu guardarás em perfeita paz aquele cujo propósito está firme, porque ele confia em ti" (Isaías 26:3).

Quando você ora, sua mente se ancora em Cristo e isso traz paz. Dobre os joelhos e expulse a ansiedade.

Deseje menos. Muitas das coisas que nos dão ansiedade têm origem não no que necessitamos, mas no que desejamos. "Alegrem-se sempre no Senhor. Direi novamente: Alegrem-se!" (Filipenses 4:4). Se Deus for suficiente em sua vida, você sempre terá o suficiente, pois Deus sempre estará com você.

Viva o dia de hoje. Não sacrifique o dia de hoje no altar da ansiedade. Deus envia auxílio no exato momento em que precisamos.

Deus supre nossas necessidades cotidianas diariamente de maneira milagrosa.

Deus envia auxílio no exato momento em que precisamos. Fácil falar, mas bem mais difícil acreditar quando as contas se acumulam, os conflitos se multiplicam e a pilha de problemas ameaça cair sobre sua cabeça. Sempre que precisar de ajuda para crer nessa promessa, lembre-se:

Meus versículos de esperança

O Senhor é o meu pastor; de nada terei falta.
Salmos 23:1

___

___

___

___

Pensamentos de ansiedade que desejo me libertar

___

___

___

Promessa de Deus para mim

Deus é fiel. Ele me concede sabedoria e força sempre que necessito. E, quando preciso de sua presença, ele está por perto. Deus é tudo para mim.

Minha oração

___

___

DIA 79

Deus tem poder

Eu sou Deus, e não há outro; eu sou Deus, e não há outro como eu.
ISAÍAS 46:9B

Ninguém deu vida a Yahweh. Ninguém o gerou, ninguém o criou, ninguém o produziu.

E, uma vez que ninguém o produziu, ninguém pode destruí-lo. Ele não teme terremotos nem estremece com furacões. Yahweh acalma o vento com uma palavra. O câncer não o atinge e o cemitério não o perturba. Ele já existia antes dessas coisas e continuará existindo depois delas. Deus não tem começo nem fim.

Além disso, Deus não é controlado por ninguém. Amigos podem consolar você durante uma tempestade, mas você necessita de um Deus que acalme a tempestade. Amigos podem consolar você em seu leito de morte, mas você necessita de um Yahweh que venceu a morte. Filósofos podem debater o sentido da vida, mas você necessita de um Senhor que lhe ensine o sentido da vida.

E você precisa de um Deus que, apesar de incrivelmente poderoso, pode se aproximar e tocar você com a ternura de uma flor de primavera.

Você precisa de um Yahweh. E você o tem.

> Quando a preocupação é grande, você precisa de um Deus maior. Quando o medo aprisiona, você precisa de um Deus libertador. Quando a ansiedade tira seu fôlego, você precisa de Deus que sopre fôlego de vida. E a promessa é que você já tem esse Deus. Sempre que duvidar do poder e da disposição de Deus de permanecer ao seu lado em meio aos medos e preocupações, lembre-se:

Meus versículos de esperança

Ah, Soberano Senhor, tu fizeste os céus e a terra pelo teu grande poder e pelo teu braço estendido. Nada é difícil demais para ti.

JEREMIAS 32:17

_____
_____
_____
_____
_____
_____

Pensamentos de ansiedade que desejo me libertar

_____
_____
_____
_____

Promessa de Deus para mim

Nada é impossível para Deus. Ele é capaz de fazer muito mais que eu poderia pedir ou sou capaz de imaginar. E ele está sempre ao meu lado.

Minha oração

_____
_____
_____

DIA 80

Lançando fora o medo

*Assim, conhecemos o amor que Deus tem
por nós e confiamos nesse amor.
Deus é amor. Todo aquele que permanece no
amor permanece em Deus, e Deus, nele.*

1João 4:16

Se você já foi ao supermercado de estômago vazio, sabe que é comum comprarmos um monte de coisa que não precisamos. Não importa se é bom ou não para sua saúde, tudo que desejamos é encher a barriguinha. Quando você se sente solitário, acaba fazendo a mesma coisa com a vida: sai pegando tudo que vê frente, não porque precisa, mas porque tem fome de amor.

Por que agimos dessa maneira? Porque temos medo de encarar a vida sozinhos. Consumimos drogas por medo de não sermos aceitos, imitamos o comportamento dos outros por medo de parecermos diferentes, fazemos dívidas por medo de parecermos pobres, vestimos roupas sedutoras por medo de não sermos notados, dormimos com a primeira pessoa que encontramos por medo da solidão, buscamos amor em lugares errados por medo de não sermos amados.

Entretanto, tudo isso muda quando descobrimos o amor perfeito de Deus, e "o perfeito amor expulsa o medo" (1João 4:18).

Se você estiver ciente de que Deus o ama, não buscará desesperadamente o amor dos outros. Sua solidão se transformará em afeição.

O que fazer com o medo? Medo de encarar a vida sozinho, medo de não ser aceito, medo de parecer diferentes, medo de não ser notado, medo de não ser amados? Sempre que duvidar que o amor perfeito

> e uma vida sem medo estão a apenas uma oração de distância, lembre-se:

Meus versículos de esperança

Desta forma Deus manifestou o seu amor entre nós: ele enviou o seu Filho Unigênito ao mundo, para que pudéssemos viver por meio dele.

1João 4:9

___
___
___
___

Pensamentos de ansiedade que desejo me libertar

___
___

Promessa de Deus para mim

Deus não me criou para viver com medo. Seu Espírito, que habita em mim, me fortalece. Seu amor perfeito expulsa todos os meus medos.

Minha oração

___
___

DIA 81

Confie na bondade de Deus

"Por que vocês estão com tanto medo, homens de pequena fé?"
MATEUS 8:26b

> De repente, uma forte tempestade levantou-se sobre o lago, de forma que as ondas inundavam o barco. Jesus, porém, dormia." (Mateus 8:24).

Que cena! Os discípulos gritando e Jesus sonhando. Trovões ribombando e Jesus roncando. (Nada de soneca, cochilo ou descansar os olhos. Era sono pesado mesmo.) Os discípulos observam Jesus e ficam angustiados. Mateus e Marcos registram a reação deles por meio de três expressões gregas curtas e uma pergunta: "Senhor, salva-nos! Vamos morrer!" (Mateus 8:25) e "Mestre, não te importas se morrermos?" (Marcos 4:38).

Eles não questionam o poder de Jesus ("O Senhor não pode acalmar a tempestade?") nem sua sanidade ("O Senhor não está vendo a tempestade?") nem sua experiência ("O Senhor nunca enfrentou uma tempestade?"). Antes, duvidaram da bondade de Jesus: "Não te importas?"

O medo faz isso: corrói nossa confiança na bondade de Deus.

Aparentemente, sequer se lembraram dos milagres de Jesus. O medo nos induz a uma espécie de amnésia espiritual que atrapalha nossa memória e nos faz esquecer de tudo que Jesus realizou e de como Deus é bom.

Algumas dificuldades induzem ao medo até os melhores dentre nós. Ventos contrários e ondas gigantes são fatos da vida. Apesar disso, Jesus continua estendendo as mãos e enviando seus anjos. Você pertence a Jesus, portanto, pode ter a paz que ele concede em meio a qualquer tempestade.

A vida está repleta de tempestades. É um fato. Algumas vezes parecem monstruosas, outras vezes, persistentes. Elas podem se manifestar como tempestades circunstanciais, tempestades de angústia, tempestades de alma. Independentemente de como se manifestam, são batalhas reais que exaurem nossas forças. Sempre que você perder de vista o que Jesus realizou e a bondade de Deus, lembre-se:

Meus versículos de esperança

Ele fortalece o cansado e dá grande vigor ao que está sem forças.
Isaías 40:29

_____

_____

_____

Pensamentos de ansiedade que desejo me libertar

_____

_____

Promessa de Deus para mim

Deus conhece meus medos e preocupações. Deus se importa comigo. Ele se importa tanto que escolheu estar ao meu lado em todas as tempestades.

Minha oração

_____

_____

DIA 82

Alma sedenta

"[...] a água que eu lhe der se tornará nele uma fonte de água a jorrar para a vida eterna."

João 4:14

Se você deixar de se hidratar, seu corpo reclamará. Se deixar de beber da água espiritual, sua alma reclamará. Um coração desidratado proclama mensagens desesperadas para todo lado: mau humor, preocupação, culpa e medo.

Você acha que Deus deseja para você falta de esperança, insônia, solidão, ressentimento, irritação, insegurança? Claro que não. Essas coisas são sinais de advertência, sintomas de falta de água santa em seu íntimo.

É possível que você nunca tenha encarado esses sintomas dessa maneira. Talvez você os considere obstáculos necessários em sua jornada de vida. Quem sabe até supõe que a ansiedade seja parte de sua constituição genética, a exemplo da cor dos seus olhos. Há quem sofra de dor nos joelhos, colesterol alto, queda de cabelos. Você sofre de ansiedade.

Sim, a preocupação é um sentimento inevitável. Entretanto, não é, de modo nenhum, impossível de ser tratado. Encare as dores do seu coração não como lutas intermináveis, mas como sede em seu âmago que pode ser saciada, um sinal de que algo dentro de você está começando a murchar.

Trate sua alma como você trata sua sede: vire o copo inteiro; beba a grandes goles; inunde seu coração com água refrescante.

E onde encontramos água para a alma? Em Jesus.

Pensamentos de ansiedade e medo produzem sede em nosso íntimo: sede de segurança, sede de pertencimento, sede de que tudo terminará bem. Podemos tentar saciar essa sede por conta própria (apenas temporariamente), por meio de outras coisas e pessoas (geralmente com consequências graves) ou por meio do único que oferece alívio verdadeiro. Sempre que tiver sede da água da vida que Jesus oferece, lembre-se:

Meus versículos de esperança

Então, Jesus declarou: "Eu sou o pão da vida. Aquele que vem a mim nunca terá fome; aquele que crê em mim nunca terá sede."

João 6:35

_____

Pensamentos de ansiedade que desejo me libertar

_____

Promessa de Deus para mim

Não preciso viver o tempo todo com pensamentos de ansiedade. Jesus me libertará e saciará a sede de paz da minha alma.

Minha oração

_____

DIA 83

Não é possível perder o amor dele

"Pois este meu filho estava morto e voltou à vida; estava perdido e foi achado".

Lucas 15:24a

Jesus resume o amor obstinado de Deus com uma parábola em que um adolescente entediado com a vida no campo decide sair de casa. Com os bolsos cheios de dinheiro, ele parte para a grande aventura de sua vida. Entretanto, tudo que encontra é ressacas, amigos interesseiros e filas enormes de gente procurando emprego. Saturado até não poder mais com aquela vida de porco, ele engole seu orgulho, enfia as mãos em seus bolsos vazios e inicia a longa jornada de volta para casa, ensaiando durante o caminho o discurso que diria ao seu pai quando o encontrasse.

Seja lá o que pretendia dizer, nunca chegou a fazê-lo, pois nem bem alcançou o topo da colina e seu pai, que esperava junto ao portão, o avistou. Seu pedido de desculpas logo foi abafado pelas palavras de perdão de seu pai. Então, exausto, desmoronou nos braços abertos dele.

Nada de dedo em riste. Nada de punhos cerrados. Nada de cara feia. Nada de acusações ao estilo "Eu avisei!" nem interrogatórios do tipo "Onde você estava?" Não, nada disso. O pai simplesmente o recebeu de braços abertos em amor. Se você anda se perguntando como Deus poderia usar você para fazer diferença neste mundo, receba o perdão oferecido por aqueles braços abertos e tome coragem.

> Todos nós, ainda que mais velhos que o filho pródigo da parábola, agimos igual a esse adolescente quando saímos de casa batendo a porta na cara de Deus. Nossa rebeldia pode ter persistido por horas, dias ou anos. Talvez você esteja vivendo em rebeldia agora mesmo. Nesse caso, a dúvida de que Deus talvez não o receba de volta pode gerar ansiedade e até levá-lo a se esquivar daquele que você mais necessita neste momento. Sempre que isso acontecer, lembre-se:

Meus versículos de esperança

Vejam como é grande o amor que o Pai nos concedeu, a ponto de sermos chamados filhos de Deus, o que de fato somos!

1João 3:1a

Pensamentos de ansiedade que desejo me libertar

Promessa de Deus para mim

Os braços de Deus estão sempre abertos. Sua misericórdia me aguarda, sua graça me pertence e seu amor não tem fim. Nele eu posso me refugiar.

Minha oração

DIA 84

Uma mão forte para segurar

Ó minha força, cantarei louvores a ti, pois tu, ó Deus, és a minha torre segura, o Deus que tem amor leal por mim.
SALMOS 59:17

A vida traz mudanças. E mudanças trazem medo, insegurança, tristeza e estresse. O que fazer? Hibernar? Fugir dos riscos por medo de fracassar? Deixar de amar por medo de se machucar? É o que alguns fazem: se escondem, se retraem.

Uma ideia melhor é olhar para cima, para a única estrela Polar do universo, Deus, pois, embora a vida traga mudanças, Deus jamais muda.

Observe a força infinita de Deus.

No livro de Daniel, Deus é referido como "Deus vivo, que vive para sempre" (Daniel 6:26, NTLH). E em Salmos: "[...] cantarei sobre a tua força [...] pois tens sido a minha torre segura e abrigo seguro nos momentos de angústia" (50:16).

Veja bem, Deus nunca faz pausas para comer nem pede aos anjos que fiquem de olho nas coisas enquanto ele sai para resolver algum problema pessoal. Ele nunca pede para parar o jogo nem suspende as orações da Rússia para dar atenção às orações da África do Sul. Em outras palavras, ele "não cochila nem dorme" (Salmos 121:4). Você precisa de uma mão forte para se apoiar? Com Deus você sempre pode contar.

> Em meio às mudanças da vida, grandes ou pequenas, algumas vezes precisamos de uma mão para nos consolar e nos apoiar, uma

mão que *jamais nos solte*. Entretanto, nem mesmo os melhores amigos ou os melhores dentre os melhores são capazes de nos ajudar a todo momento. Somente uma pessoa é capaz de fazer isso. Sempre que sentir necessidade de uma mão forte, lembre-se:

Meus versículos de esperança

"Pois eu sou o Senhor, o seu Deus, que o segura pela mão direita e diz a você: 'Não tema; eu o ajudarei'."

Isaías 41:13

___

___

___

Pensamentos de ansiedade que desejo me libertar

___

___

Promessa de Deus para mim

A força de Deus é infinita. Ele é minha fortaleza e meu refúgio. Sua mão me segura com firmeza.

Minha oração

___

___

DIA 85

Uma vida sem preocupações

Não andem ansiosos por coisa alguma, mas em tudo, por meio da oração e da súplica, com ação de graças, apresentem os seus pedidos a Deus.

FILIPENSES 4:6

Basta olhar ao redor para encontrarmos motivos para nos preocuparmos: raios solares cancerígenos, tubos de ventilação que transportam ar mofado, alimentos industrializados com alto nível de carboidratos, verduras e legumes banhados em agrotóxicos. E por que insistem em chamar o aeroporto de *terminal*?

Muitos de nós cursamos doutorado na Universidade da Ansiedade: dormimos preocupados por talvez não acordarmos amanhã; acordamos preocupados por não termos dormido o suficiente; nos preocupamos que alguém acabe descobrindo que verduras na verdade engordam; a mãe de uma adolescente se lamenta aos prantos que sua filha não lhe conta nada; outra mãe responde, também aos prantos, que sua filha lhe conta tudo.

Você gostaria de parar de se preocupar? Gostaria de encontrar um refúgio para se proteger das intempéries da vida?

Pois é justamente o que Deus oferece a você: a possibilidade de uma vida sem preocupações. Não uma vida com menos preocupações, mas uma vida sem nenhuma preocupação. "Venha até mim. Converse comigo. Ore. Inspire minha paz e exale seus problemas." As preocupações diminuem à medida que buscamos a Deus.

Não andem ansiosos. Seja honesto. Alguma vez você leu esse versículo e pensou: "Ah, sim, bacana. Vou aproveitar e parar de respirar também!" O mundo está tão repleto de motivos de preocupação que o estresse e seu comparsa ansiedade se tornaram uma parte natural do nosso cotidiano. Entretanto, não precisamos viver desse jeito. Olhe para cima e lembre-se:

Meus versículos de esperança

Entregue o seu caminho ao Senhor; confie nele, e ele agirá.
Salmos 37:5

_____
_____
_____

Pensamentos de ansiedade que desejo me libertar

_____
_____
_____

Promessa de Deus para mim

Posso conversar com Deus. Ele me ouve e me conduzirá até a paz que necessito.

Minha oração

_____
_____

DIA 86

A graça dele é maior

*A lei foi introduzida para que a transgressão fosse ressaltada;
entretanto, onde foi ressaltado o pecado, transbordou a graça [...].*
ROMANOS 5:20

Abundância significa ter em excesso, demasia, fartura. Deveriam os peixes do mar se preocuparem se haverá água suficiente para eles? Claro que não, pois o oceano tem água em abundância.

Deveria o cristão se preocupar se o copo da misericórdia de Deus pode esvaziar? Alguns se preocupam, pois não conhecem a graça abundante de Deus. Você conhece? Você sabe que o copo que Deus oferece a você vem transbordante de misericórdia? Você tem medo de que seus erros sejam grandes demais para a graça de Deus?

Deus não é avarento com sua graça. Ainda que você não tenha um tostão no bolso, seu copo continua transbordando de misericórdia divina.

A imagem de um copo transbordante era um simbolismo muito forte na época de Davi. No Antigo Oriente, o anfitrião costumava usar o copo para se comunicar com seu hóspede: enquanto o copo estivesse sendo reabastecido, o hóspede entendia que sua presença era bem-vinda, mas, quando o copo deixava de ser abastecido, era sinal de que estava ficando tarde. Entretanto, se o anfitrião estivesse muito contente com a companhia de seu hóspede, enchia o copo até transbordar por cima da mesa.

Você já percebeu que sua mesa está encharcada? Deus não quer que você vá embora.

Dentre todas as coisas com que nos preocupamos, existe uma totalmente irracional e desnecessária: "Será que Deus vai me perdoar desta vez? Será que ele ainda me quer?" Sim, sim, eternamente sim. A graça de Deus sempre é maior que nossos erros. Sempre que você se preocupar se sua presença é bem-vinda ou estiver com medo de se aproximar de Deus, lembre-se:

Meus versículos de esperança

Se confessarmos os nossos pecados, ele é fiel e justo para perdoar os nossos pecados e nos purificar de toda injustiça.

1João 1:9

___

___

___

Pensamentos de ansiedade que desejo me libertar

___

___

Promessa de Deus para mim

Deus é fiel mesmo quando eu não sou. Ele prometeu perdoar todos os pecados que eu confessar a ele. Ele cumprirá essa promessa. Estou perdoado e pertenço a ele.

Minha oração

___

___

DIA 87

Um caminho pessoal

*Tu guardarás em perfeita paz aquele cujo propósito
está firme, porque ele confia em ti.*
Isaías 26:3

Quando Davi se voluntariou para enfrentar Golias mano a mano, o rei Saul tentou vesti-lo com uma armadura de soldado. Afinal, Golias tinha quase três metros de altura, vestia um capacete de bronze, caneleiras de bronze, uma couraça de quase sessenta quilos e carregava uma espada e uma lança cuja ponta pesava cerca de sete quilos (1Samuel 17:4-7, NTLH). Em contrapartida, a única arma de Davi era uma funda. Parecia um fusca encarando um caminhão bitrem. Saul olhou para o raquítico Davi, depois para o robusto Golias, e fez o que qualquer rei da época teria feito: "deu a sua própria armadura para Davi usar. Pôs um capacete de bronze na cabeça dele e lhe deu uma couraça para vestir" (1Samuel 17:38, NTLH).

Davi, porém, desistiu da armadura, escolheu algumas pedras, lobotomizou o gigante e ensinou uma lição poderosa para todos nós: o que serve para outros talvez não sirva para você. O fato de alguém oferecer a você um conselho, uma proposta de emprego ou uma promoção não significa que você está obrigado a aceitar. Não tenha medo de permitir que sua individualidade defina o caminho de sua vida.

> Cada um tem um caminho para trilhar, um caminho estabelecido por Deus. É o que a Bíblia nos diz. É o que cremos... exceto todas aquelas vezes que não acreditamos, aquelas vezes em que nosso caminho parece diferente, inferior ou distante do que tínhamos em mente.

Em vez de se esconder ou se obrigar a cumprir um papel que Deus não criou para você, lembre-se:

Meus versículos de esperança

A palavra do SENHOR veio a mim, dizendo: "Antes de formá-lo no ventre, eu o escolhi; antes de você nascer, eu o separei [...]."
JEREMIAS 1:4-5

___
___
___

___
___

Pensamentos de ansiedade que desejo me libertar

___
___
___

Promessa de Deus para mim

Sou criação do próprio Deus e tenho um papel único para cumprir em seu plano. O melhor para a minha vida é seguir o Senhor.

Minha oração

___
___
___

DIA 88

Mais parecido com ele

*Você sabe muito bem que ele é bom e que quer
fazer com que você mude de vida.*
Romanos 2:4b, NTLH

O trabalho que Deus tem para fazer em sua vida no dia de hoje é o seguinte: tornar você mais parecido com Jesus. "Deus [...] decidiu, desde o princípio, moldar a vida daqueles que O amam pelos mesmos padrões da vida do Filho" (Romanos 8:29, A Mensagem). Percebeu o que Deus está fazendo? Ele está moldando você "pelos mesmos padrões da vida do Filho."

Jesus não sentiu culpa; Deus não quer que você sinta culpa.

Jesus não tinha maus hábitos; Deus quer tirar de você todo mau hábito.

Jesus sabia diferenciar o certo do errado; Deus quer que você faça o mesmo.

Jesus serviu os outros e entregou sua vida pelos perdidos; você pode agir da mesma forma.

Jesus soube lidar com a ansiedade acerca da morte; você também pode.

Jesus encarou seus medos com coragem; Deus deseja que você faça o mesmo.

> Jesus encarou seus medos com coragem. Deus deseja que você faça o mesmo. "Mas como, meu Deus, como?", você deve estar se perguntando. Isaías tem a resposta. O Senhor é o oleiro e nós, seus vasos (Isaías 64:8). Entretanto, esse processo de moldagem nem sempre é uma experiência agradável. Além disso, é demorado.

> Sempre que preocupações e medos, ou mesmo a falta de coragem para encará-los, fizerem você se sentir um vaso deformado, confie nas mãos do oleiro e lembre-se:

Meus versículos de esperança

Estou crucificado com Cristo. Assim, já não sou eu quem vive, mas Cristo vive em mim. A vida que agora vivo no corpo, vivo-a pela fé no filho de Deus, que me amou e se entregou por mim.

Gálatas 2:20

Pensamentos de ansiedade que desejo me libertar

Promessa de Deus para mim

Deus me protege com suas mãos e usa tudo que acontece comigo para me tornar mais parecido com Jesus. Posso confiar no Senhor.

Minha oração

DIA 89

Livre-se de seus fardos

Lancem sobre ele toda a sua ansiedade, porque ele cuida de vocês.
1 Pedro 5:7

Deus tem uma corrida fantástica para você participar. Por meio do Senhor você irá a lugares que jamais esteve e servirá de maneiras que jamais sonhou. Entretanto, é necessário deixar algumas coisas para trás. Como falar da graça se você vive cheio de culpa? Como oferecer consolo se você vive desanimado? Como estimular os outros se você vive ansioso? Como carregar o fardo alheio se seus braços estão ocupados carregando o seu?

Para o bem daqueles que você ama, livre-se de seus fardos.

Por amor ao Deus que você serve, livre-se de seus fardos.

Para o seu próprio bem, livre-se de seus fardos.

Existem fardos que você simplesmente não é capaz de carregar sozinho. Seu Senhor está pedindo a você que se livre deles e confie nele. Ele é como um pai junto à esteira de bagagem. O que esse pai diria se visse seu filho de 5 anos tentando tirar uma mala enorme da esteira? Diria a mesma coisa que Deus está dizendo a você.

"Não se preocupe, meu filho. Pode deixar que essa eu carrego."

Que tal aceitar a oferta dele? É bem possível que você aproveite melhor sua jornada.

Carregar fardos faz parte da natureza humana. Fardos do passado, preocupações sobre o futuro. Simplesmente tomamos esses fardos nas costas e nos esquecemos de nos livrar deles. Andamos por aí com os braços carregados, a mente ansiosa e o corpo tomado de estresse. Vivemos exaustos, estressados e talvez para lá de irritados simplesmente por carregamos coisas que não fomos criados para carregar. Sempre que precisar de ajuda para se livrar de algum fardo, lembre-se:

Meus versículos de esperança

"Mesmo na sua velhice, quando tiverem cabelos brancos, sou eu aquele que os susterá. Eu os fiz e os levarei; eu os sustentarei e os salvarei."

Isaías 46:4

___

___

___

Pensamentos de ansiedade que desejo me libertar

___

___

___

Promessa de Deus para mim

Deus me convida para entregar meus fardos nas mãos dele. Posso viver livre de meus fardos, pois ele os carrega em meu lugar. E carrega a mim também.

Minha oração

___

___

DIA 90

Motivos para dançar

O Senhor está perto de todos os que o invocam,
de todos os que o invocam em verdade.
Salmos 145:18

O melhor presente de Deus é sua presença.
A maior dádiva de Deus é ele próprio. Pôr do sol de tirar o fôlego, águas caribenhas que acalmam o coração, bebês recém-nascidos que despertam ternura, um caso de amor de uma vida inteira que adorna nossa existência como uma coroa de joias. Entretanto, tire tudo isso (pôr do sol, oceano, bebês adoráveis, um amor cativante), substitua por um deserto do Saara e ainda assim sobrariam motivos para dançarmos na areia. Por quê? Porque Deus está conosco.

Deus deseja que vivamos cientes desta verdade: jamais estamos sozinhos. Jamais.

Deus ama muito você e por isso nunca o abandona. Ele não deixa você sozinho com seus medos, preocupações, enfermidades ou morte. Portanto, levante-se e pule de alegria.

Ele é um Deus pessoal, que ama, cura, auxilia e intervém. Ele busca respeito, obediência e um coração sedento do divino. E, quando encontra, ele vem correndo! E, quando vier, que comece a música e desapareçam as preocupações. E, sim, um coração reverente e gosto por dançar podem pertencer a uma mesma pessoa.

> Observamos a vastidão do oceano ou a infinidade de uma noite estrelada e pensamos em como é possível que um Deus tão grande se dê ao trabalho de prestar atenção em nós. Mas é justamente o que ele faz. Quando o chamamos, ele promete nos levar da tristeza

para a dança. Sempre que a ansiedade apertar seu coração e você sentir necessidade de alegria, lembre-se:

Meus versículos de esperança

Mudaste o meu pranto em dança, tiraste a minha veste de lamento e me vestiste de alegria, para que o meu ser cante louvores a ti e não se cale [...].

SALMOS 30:11-12

_____
_____
_____
_____
_____

Pensamentos de ansiedade que desejo me libertar

_____
_____
_____

Promessa de Deus para mim

Deus me conhece *pessoalmente*, está presente *pessoalmente* em minha vida e me concede *pessoalmente* motivos para eu me alegrar.

Minha oração

_____
_____

Guia rápido de promessas bíblicas

DIA 1
ISAÍAS 12:2
> **Promessa para hoje:** *O Senhor é minha luz e minha salvação. Ele me conduzirá para fora da prisão do medo.*

DIA 2
ISAÍAS 41:10
> **Promessa para hoje:** *O Senhor está comigo, independentemente de como me sinto e da situação que estou enfrentando. O Senhor está sempre comigo.*

DIA 3
SALMOS 139:5
> **Promessa para hoje:** *Não preciso viver com medo, pois Deus cuida de mim. O Senhor segura minha mão e me conduz até ele em segurança.*

DIA 4
SALMOS 139:8-10
> **Promessa para hoje:** *Jamais encontrarei um lugar em que Deus não esteja. Ele está sempre comigo e jamais me abandonará.*

DIA 5
SALMOS 9:10

Promessa para hoje: *Posso confiar nas decisões de Deus, pois ele é justo. Posso confiar em seu poder, pois ele é soberano. Posso confiar em Deus.*

DIA 6
ROMANOS 8:26

Promessa para hoje: *Deus sempre me ouve, mesmo em meio ao barulho da vida e até quando não uso palavras para me expressar.*

DIA 7
SALMOS 18:16

Promessa para hoje: *Deus está aqui, Deus é forte e tem espaço para mim em seu barco eterno. Ele pode me salvar.*

DIA 8
ROMANOS 8:31

Promessa para hoje: *Posso buscar conselho em Jesus. Posso mergulhar meu dia em sua graça e confiar meu cotidiano aos seus cuidados. Posso aceitar sua orientação.*

DIA 9
PROVÉRBIOS 18:10

Promessa para hoje: *Sempre posso buscar auxílio em Deus. Ele ouvirá meus medos. Ele saberá o que devo fazer e me dará forças para fazê-lo.*

DIA 10
SALMOS 37:23-24

Promessa para hoje: *Deus sabe o que necessito. Ele está escrevendo minha história e cuidará de mim.*

DIA 11
MATEUS 17:20-21

Promessa para hoje: *Deus move montanhas. Portanto, ele pode remover minhas preocupações e criar um caminho que me leve para longe dos meus medos. Ele responderá minhas orações e me libertará.*

DIA 12
SALMOS 25:4-5

Promessa para hoje: *Deus vê o que não consigo enxergar e conhece o melhor caminho para mim. Posso confiar nele para me conduzir, passo a passo, por entre o labirinto da vida.*

DIA 13
ISAÍAS 43:1

Promessa para hoje: *Não sou quem o mundo afirma que sou. Sou o que Deus diz a meu respeito. Eu pertenço ao Senhor.*

DIA 14
SALMOS 32:8

Promessa para hoje: *Deus é Senhor de todas as coisas, épocas e lugares. Sua Palavra é a verdade absoluta. Posso confiar nele e segui-lo, pois ele conhece o caminho.*

DIA 15
ROMANOS 5:8

Promessa para hoje: *Deus me ama perfeitamente, mesmo sabendo de todas as minhas imperfeições. Meus erros não o surpreendem. Ele continua estendendo sua graça sobre mim e me socorrendo.*

DIA 16
ISAÍAS 61:10

Promessa para hoje: *Deus me busca. Seu manto de justiça me cobre, sua graça apaga minha culpa e assim posso viver na paz de Jesus.*

DIA 17
FILIPENSES 4:19

Promessa para hoje: *Deus é bom e prometeu prover para mim. Posso contar com ele hoje, amanhã e todos os dias da minha vida, um dia de cada vez.*

DIA 18
SALMOS 23:6

Promessa para hoje: *Sou filho de Deus. Minhas preocupações, medos e fracassos não enfraquecem o amor dele por mim. Ele jamais desistirá de mim.*

DIA 19
2CORÍNTIOS 12:9

Promessa para hoje: *Deus habita em mim e seu poder está em mim. Jamais estou sozinho. Ele trabalha por meu intermédio e me capacita para fazer o que precisa ser feito.*

DIA 20
JOÃO 1:12, NVT

Promessa para hoje: *Não preciso "fazer por merecer" para ser aceito por Deus. Sua graça me salva e ele cumprirá as promessas que fez para mim. E, sempre que eu enfrentar alguma dificuldade, ele me ajudará a crer.*

DIA 21
SALMOS 116:1-2

Promessa para hoje: *Deus ama quando falo com ele. Posso conversar com Deus em qualquer lugar, a qualquer momento e a respeito de qualquer coisa, e ele sempre me responderá. Sempre.*

DIA 22
2CORÍNTIOS 6:16
>**Promessa para hoje:** *Deus está perto e está trabalhando em minha vida. Ele carregará o peso desse grande fardo.*

DIA 23
MATEUS 7:7-8
>**Promessa para hoje:** *Posso orar a respeito de toda e qualquer coisa. Posso orar a qualquer momento e a todo momento. Deus deseja ouvir minhas orações.*

DIA 24
MATEUS 10:29-31
>**Promessa para hoje:** *Deus me criou para ser eu e ele me ajudará a ser o melhor eu possível. Sou desejado e necessário neste mundo.*

DIA 25
SALMOS 46:1
>**Promessa para hoje:** *As promessas de Deus não mudam. A presença de Deus não muda. Jamais enfrentarei dificuldade alguma sem a ajuda dele.*

DIA 26
ISAÍAS 40:11
>**Promessa para hoje:** *A graça de Deus é maior que minha culpa. Ele me busca e me chama pelo nome. Ele não descansará enquanto não me levar para casa.*

DIA 27
JOÃO 16:33
>**Promessa para hoje:** *Deus me guiará por entre os desafios de hoje e tomará conta de mim amanhã. Seu auxílio sempre vem em tempo oportuno.*

DIA 28
ISAÍAS 26:3

Promessa para hoje: *O poder de Deus é perfeito, portanto, posso desfrutar de uma paz perfeita. Ele me guarda e me protege.*

DIA 29
ROMANOS 8:15

Promessa para hoje: *Deus não me rejeitará. Eu pertenço a ele e seu amor por mim é perfeito e eterno.*

DIA 30
DEUTERONÔMIO 31:8

Promessa para hoje: *Jesus trata meus medos com seriedade. Seu amor e proteção se estendem a todos os detalhes da minha vida. Posso confiar que ele está sempre cuidando de mim.*

DIA 31
HEBREUS 4:15

Promessa para hoje: *Jesus pode me ajudar com qualquer coisa. Ele me compreenderá, pois já esteve no mesmo lugar que eu.*

DIA 32
SALMOS 8:3-5

Promessa para hoje: *Deus é infinito e todo-poderoso, mas também é alguém pessoal. Ele me vê, me conhece e me ama.*

DIA 33
EFÉSIOS 3:20,

Promessa para hoje: *Deus está trabalhando em minha vida. Ele me abençoará de modo surpreendente e suas bênçãos serão maiores que sou capaz de imaginar.*

DIA 34
TITO 3:4-5

Promessa para hoje: *Deus jamais retém sua bondade para comigo. Ele me perdoa, me ama e tem um propósito para mim.*

DIA 35
JOSUÉ 1:9

Promessa para hoje: *Jesus conhece o caminho porque ele é o Caminho. Portanto, posso segui-lo tranquilamente. Ele sempre estará comigo.*

DIA 36
JEREMIAS 29:13

Promessa para hoje: *Deus é suficiente. Eu o encontrarei se o buscar, e nele terei paz.*

DIA 37
HEBREUS 4:16

Promessa para hoje: *A barreira foi removida. Sou bem-vindo à presença de Deus a qualquer momento e em sua presença encontrarei paz.*

DIA 38
SALMOS 138:8

Promessa para hoje: *Sou obra das mãos de Deus. Ele me criou diferente dos demais seres humanos. Minhas aptidões me foram concedidas propositalmente por ele. Eu louvo e engrandeço o Senhor sempre que as coloco em prática.*

DIA 39
ISAÍAS 43:25

Promessa para hoje: *Meus erros não diminuem o amor de Deus por mim. Seu perdão está sempre à minha disposição. Ele é capaz até de transformar meus erros em obra de arte.*

DIA 40
TIAGO 1:5

Promessa para hoje: *Deus me conhece totalmente, me ama com perfeição e sua amizade comigo é eterna.*

DIA 41
JEREMIAS 17:7-8

Promessa para hoje: *A Palavra de Deus é verdadeira, é viva, é eficaz, me traz consolo e me une a Cristo.*

DIA 42
SALMOS 34:9-10,

Promessa para hoje: *Deus é generosíssimo e prometeu suprir todas as minhas necessidades. Ele compartilha suas riquezas comigo e cuida de mim.*

DIA 43
ISAÍAS 58:11

Promessa para hoje: *Não fui criado para este mundo. Eu pertenço a Deus e ele sempre tem espaço para mim à sua mesa e em sua família.*

DIA 44
JEREMIAS 29:11

Promessa para hoje: *O Senhor me ama simplesmente porque eu existo. Sou valioso para Deus. E ele tem um destino maravilhoso planejado para mim.*

DIA 45
SALMOS 62:8

Promessa para hoje: *Posso abrir meu coração para Jesus e expor meus medos detalhadamente. Ele compreenderá, pois também passou por essas mesmas coisas.*

DIA 46
ISAÍAS 43:2-3

Promessa para hoje: *Posso contar com Jesus em meio às minhas tempestades, pois ele está comigo e me levará para águas tranquilas.*

DIA 47
ROMANOS 8:38-39

Promessa para hoje: *O amor de Cristo não tem limite. Seu amor se estende ao infinito. Seu amor me cerca, me acolhe e me preenche.*

DIA 48
JOÃO 3:16

Promessa para hoje: *Deus não muda. Seu amor não muda e suas promessas não mudam. Sempre que o busco, eu o encontro. Sempre que preciso de sua ajuda, lá está ele.*

DIA 49
ISAÍAS 46:4

Promessa para hoje: *O Senhor é o mestre de todos os mares da vida. Ele me ajudará a não afundar e me conduzirá à terra firme.*

DIA 50
JOÃO 4:14

Promessa para hoje: *Deus me convida para beber da água vida da salvação em Cristo. Seu Espírito irrigará, refrescará e reviverá minha alma.*

DIA 51
SALMOS 34:4

Promessa para hoje: *Deus é maior que qualquer gigante em minha vida. Nada nem ninguém é capaz de derrotá-lo. Posso viver despreocupado, pois ele luta por mim.*

DIA 52
JOÃO 10:28-29

Promessa para hoje: *Fui comprado, redimido e selado por Cristo. Eu pertenço a Jesus e ele me protege com seu Espírito, que habita em mim. O mundo não pode me tirar das mãos dele.*

DIA 53
2CORÍNTIOS 9:8

Promessa para hoje: *Sou filho de Deus. Ele me colocou neste lugar e ocasião para um propósito. Deus preenche este momento e lugar com sua presença e sua provisão. Com a ajuda dele posso enxergar todas as bênçãos que ele tem me concedido.*

DIA 54
SALMOS 16:11

Promessa para hoje: *Cada dia é uma criação nova de Deus, um dia brilhante de esperança aguardando para ser descoberto. Deus me ajudará a encontrar esperança para o dia de hoje.*

DIA 55
1JOÃO 4:4

Promessa para hoje: *O verdadeiro "Eu sou" é maior que todas as minhas preocupações. Ele está comigo no meio da minha tempestade. Ele é o mesmo Salvador que derrotou Satanás. Ele está ao meu lado e luta por mim.*

DIA 56
JOÃO 17:24

Promessa para hoje: *Jesus preparou um lugar para mim. Ele me convida para viver em sua presença e quer que eu esteja onde ele está.*

DIA 57
SALMOS 62:5-6

Promessa para hoje: *Jesus é a solução para todos os problemas, a resposta para todas as questões. Ele proverá tudo de que necessito.*

DIA 58
JOÃO 3:17

Promessa para hoje: *Deus sempre oferece uma nova chance. Cada dia é um novo começo repleto de bênçãos e planos do Senhor para a minha vida.*

DIA 59
SALMOS 18:28

Promessa para hoje: *O Senhor é minha força e me ajudará a entregar em suas mãos esses pensamentos perturbadores. Sua luz me conduzirá para fora da escuridão e para mais perto dele.*

DIA 60
SALMOS 121:5-8

Promessa para hoje: *Deus jamais deixa de zelar por mim. Ele me protege, me abriga e me defende. Não existe problema que ele não possa resolver. Estou seguro debaixo de suas asas.*

DIA 61
LAMENTAÇÕES 3:22-24

Promessa para hoje: *O passado está coberto pelas misericórdias de Deus e o futuro está nas mãos dele. Hoje é o dia que tenho para viver e posso viver cada momento na presença dele.*

DIA 62
JOÃO 14:15-17

Promessa para hoje: *O Senhor está comigo. Seu Espírito habita em mim. Não preciso ter medo de nada, pois aquele que está em mim é maior que qualquer coisa neste mundo.*

DIA 63
1PEDRO 2:9

Promessa para hoje: *Sou escolhido e sou filho de Deus. O Senhor me chamou das trevas para sua luz.*

DIA 64
ROMANOS 8:28

Promessa para hoje: *O Senhor está no controle. Ele sabe como tudo acabará e prometeu que será para o meu bem. Ele me concederá coragem e esperança para prosseguir.*

DIA 65
1PEDRO 2:24

Promessa para hoje: *Jesus me conhece plenamente e mesmo assim decidiu morrer por meus pecados. É impossível perder seu amor. Ele jamais me abandonará.*

DIA 66
SALMOS 34:17

Promessa para hoje: *Deus me ouve quando clamo a ele. Posso entregar-lhe ele minhas decepções, pois ele se preocupa comigo e me socorrerá.*

DIA 67
2CRÔNICAS 16:9

Promessa para hoje: *O Espírito de Deus em mim é maior que qualquer ansiedade, preocupação e medo. Posso buscar socorro em Deus. Ele me fortalecerá e me mostrará o que é real e verdadeiro.*

DIA 68
EFÉSIOS 3:18-19

Promessa para hoje: *O Deus que formou as estrelas cuida de mim. Ele sabe meu nome e tudo o que acontecerá comigo. Ele me capacitará a fazer tudo o que verdadeiramente é necessário.*

DIA 69
SOFONIAS 3:17

Promessa para hoje: *Sou amado para todo o sempre e incondicionalmente. O amor de Deus jamais falhará comigo.*

DIA 70
ROMANOS 8:28

Promessa para hoje: *Deus está no controle. Ele atua em todos os detalhes da minha vida e age para que todas as coisas cooperem para o meu bem. Ele já é vitorioso.*

DIA 71
SALMOS 23:2-3

Promessa para hoje: *Deus controla absolutamente tudo. Posso confiar e descansar nele.*

DIA 72
FILIPENSES 4:6-7

Promessa para hoje: *Deus conhece muito bem meu problema. A solução está a caminho. Ele me encherá de paz enquanto aguardo sua resposta.*

DIA 73
GÊNESIS 1:27

Promessa para hoje: *Eu sou uma obra de arte criada por Deus. Sou ideia dele. Ele afirma que eu sou maravilhoso. Deus me capacitará a cumprir o propósito para o qual me criou.*

DIA 74
2CRÔNICAS 20:15

Promessa para hoje: *Deus entregou seu próprio Filho para me salvar. Jesus abdicou do céu e morreu por mim. Posso confiar em Deus e entregar todas as minhas preocupações nas mãos dele. Ele enfrentará as tempestades da vida ao meu lado e a meu favor.*

DIA 75
MATEUS 11:28

Promessa para hoje: *Posso levar meus fardos e minhas preocupações para Jesus. Posso aprender com ele. Jesus me tranquilizará com sua bondade e compaixão e me dará descanso.*

DIA 76
2SAMUEL 22:33

Promessa para hoje: *Meu Salvador é luz pura e brilhante. Quanto mais eu o buscar, mais o conhecerei. Posso resistir e prosseguir por meio do poder de Jesus.*

DIA 77
ISAÍAS 42:3

Promessa para hoje: *Jesus compreende minhas dores e medos, pois passou pelas mesmas coisas que eu. Ele me ajudará a ficar em pé novamente e prosseguir.*

DIA 78
SALMOS 23:1

Promessa para hoje: *Deus é fiel. Ele me concede sabedoria e força sempre que necessito. E, quando preciso de sua presença, ele está por perto. Deus é tudo para mim.*

DIA 79
JEREMIAS 32:17

Promessa para hoje: *Nada é impossível para Deus. Ele é capaz de fazer muito mais que eu poderia pedir ou sou capaz de imaginar. E ele está sempre ao meu lado.*

DIA 80
1JOÃO 4:9-10

Promessa para hoje: *Deus não me criou para viver com medo. Seu Espírito, que habita em mim, me fortalece. Seu amor perfeito expulsa todos os meus medos.*

DIA 81
ISAÍAS 40:29

Promessa para hoje: *Deus conhece meus medos e preocupações. Deus se importa comigo. Ele se importa tanto que escolheu estar ao meu lado em todas as tempestades.*

DIA 82
JOÃO 6:35

Promessa para hoje: *Não preciso viver o tempo todo com pensamentos de ansiedade. Jesus me libertará e saciará a sede de paz da minha alma.*

DIA 83
1JOÃO 3:1

Promessa para hoje: *Os braços de Deus estão sempre abertos. Sua misericórdia me aguarda, sua graça me pertence e seu amor não tem fim. Nele eu posso me refugiar.*

DIA 84
ISAÍAS 41:13

Promessa para hoje: *A força de Deus é infinita. Ele é minha fortaleza e meu refúgio. Sua mão me segura com firmeza.*

DIA 85
ISAÍAS 37:5

Promessa para hoje: *Posso conversar com Deus. Ele me ouve e me conduzirá até a paz que necessito.*

DIA 86
1JOÃO 1:9

Promessa para hoje: *Deus é fiel mesmo quando eu não sou. Ele prometeu perdoar todos os pecados que eu confessar a ele. Ele cumprirá essa promessa. Estou perdoado e pertenço a ele.*

DIA 87
JEREMIAS 1:4-5

Promessa para hoje: *Sou criação do próprio Deus e tenho um papel único para cumprir em seu plano. O melhor para a minha vida é seguir o Senhor.*

DIA 88
GÁLATAS 2:20

Promessa para hoje: *Deus me protege com suas mãos e usa tudo que acontece comigo para me tornar mais parecido com Jesus. Posso confiar no Senhor.*

DIA 89
ISAÍAS 46:4

Promessa para hoje: *Deus me convida para entregar meus fardos nas mãos dele. Posso viver livre de meus fardos, pois ele os carrega em meu lugar. E carrega a mim também.*

DIA 90
SALMOS 30:11-12

Promessa para hoje: *Deus me conhece pessoalmente, está presente pessoalmente em minha vida e me concede pessoalmente motivos para eu me alegrar.*

Notas

1. C.J. Mahaney, "Loving the Church", áudio de pregação na igreja Covenant Life Church (Gaithersburg, MD, s.d.), citado em: Randy Alcorn, Heaven (Wheaton: Tyndale House, 2004), p. xxii.

2. Wayne Harris-Wyrick, "More stars than grains of sand on Earth? You bet", The Oklahoman (4 fev. 2019), disponível em: https://www.oklahoman.com/story/lifestyle/2019/02/05/more-stars-than-grains-of-sand-on-earth-you-bet/60474645007/.

3. Monica Young, "How big is Betelgeuse really?", Sky & Telescope (6 nov. 2020), disponível em: https://skyandtelescope.org/astronomy-news/how-big-is-betelgeuse-really/.

4. Citado em um sermão de Rick Warren, "God's antidote to your hurt".

Sobre o autor

Desde o início de seu ministério em 1978, Max Lucado tem servido igrejas em Miami, na Flórida; Rio de Janeiro, no Brasil; e San Antonio, no Texas. Atualmente, dedica-se ao Teaching Minister of Oak Hills Church, em San Antonio. Lucado recebeu o prêmio *ECPA Pinnacle Award* por sua inestimável contribuição ao mercado editorial e à sociedade em geral. É um autor *best-seller* com mais de 145 milhões de produtos impressos.

Visite o website de Lucado em MaxLucado.com, incluindo:
Facebook.com/MaxLucado
Instagram.com/MaxLucado
Twitter.com/MaxLucado
Youtube.com/MaxLucadoOfficial
The Max Lucado Encouraging Word Podcast